UNA CASA *de* ORACIÓN

ÉRIC CÉLÉRIER

UNA CASA *de* ORACIÓN

UN DEVOCIONAL DE 30 DÍAS PARA LLEVAR LA PRESENCIA DE DIOS A CADA ÁREA DE TU VIDA

DAVID C COOK®

transforming lives together

UNA CASA DE ORACIÓN
Publicado por David C Cook
4050 Lee Vance Drive
Colorado Springs, CO 80918 U.S.A.

Integrity Music Limited, una división de David C Cook
Brighton, East Sussex BN1 2RE, Inglaterra

Número de control de la Biblioteca del Congreso 2025940759
ISBN 978-0-8307-9133-0
eISBN 978-0-8307-9134-7

Originalmente publicado en inglés como *Becoming a House of Prayer*
© 2025 Éric Célérier, ISBN 978-0-8307-9130-0
Esta edición en español fue generada con la ayuda de ChatGPT-4.

El equipo: Michael Covington, Luke McKinnon, Stephanie Bennett, Judy Gillispie, Susan Murdock
Diseño de la portada: Leah Von Fange

Impreso en los Estados Unidos de América
Primera edición en español 2025

1 2 3 4 5 6 7 8 9 10

073025

Padre nuestro que estás en el cielo,
santificado sea tu nombre.
Venga tu reino.
Hágase tu voluntad
en la tierra como en el cielo.
Danos hoy nuestro pan cotidiano.
Perdónanos nuestras ofensas,
como también nosotros hemos
perdonado a nuestros ofensores.
Y no nos dejes caer en tentación,
sino líbranos del maligno.
Porque tuyos son el reino y el
poder y la gloria para siempre.
¡Amén!

—Jesucristo

Lo que dicen sobre el "Padre Nuestro"

"Usando el Padre Nuestro como plano de una casa, haz un recorrido por el hogar que Dios soñó para ti. Calienta tu corazón junto al fuego del salón. Nutre tu espíritu en la cocina. Busca comunión en la sala familiar. Entra al pasillo... y encuentra perdón."

—Max Lucado

"La oración del Padre Nuestro es verdaderamente el resumen de todo el evangelio."

—Tertuliano

"El Padre Nuestro es la más perfecta de las oraciones... En ella pedimos no solo todo lo que podemos desear legítimamente, sino también en el orden en que debemos desearlo."

—Tomás de Aquino

"El Padre Nuestro es la más excelente de las oraciones porque fue compuesta por el mismo Hijo de Dios, quien nos enseñó cómo orar y qué pedir."

—Francisco de Sales

"Puesto que nuestro Señor es el autor de esta oración, sin duda es la más sublime, la más elevada y la más excelente."

—Martín Lutero

Índice

Bienvenido a *Una casa de oración*

Querido amigo:

Me alegra muchísimo que estés aquí. Es un verdadero gozo —y un gran honor— caminar contigo en este viaje.

Este libro que tienes en tus manos no es solo una lectura; es una invitación. Una invitación a ir más profundo de lo que quizás has ido antes. A entrar en la casa de oración que Jesús construyó con Sus propias palabras —el Padre Nuestro— y descubrir habitación tras habitación llena de belleza, verdad y vida.

Piensa en esto como una peregrinación espiritual.

Te animo: no tengas prisa.

Ve despacio.

Disfruta un capítulo por día. Deja que cada frase del Padre Nuestro se vuelva parte de ti, moldeando tu manera de ver a Dios, de verte a ti mismo y de ver al mundo que te rodea.

Cuando Jesús dijo: "Ustedes deben orar así..." (Mt. 6:9), no estaba entregándonos una formula; nos estaba revelando una forma de vivir.

El libro está dividido en treinta capítulos breves, fáciles de leer en solo unos minutos. Pero no te dejes engañar por su simplicidad; cada capítulo guarda tesoros que solo puedes descubrir si te detienes, escuchas y abres tu corazón de par en par.

Dentro de estas páginas también encontrarás testimonios reales de hombres y mujeres que recorrieron este viaje antes que tú: historias nacidas de la vida real, de luchas reales, de verdaderos encuentros con Dios. Están aquí para recordarte que no estás solo.

Al final de cada capítulo, encontrarás una oración; no para memorizar, sino para inspirar tu propia conversación con el Padre. Siéntete libre de adaptarlas, expandirlas, gritarlas o susurrarlas en el silencio. Hazlas tuyas.

Mi oración más profunda es que este libro no solo transforme tu vida de oración... sino toda tu vida.

Que descubras que no solo estás invitado a orar: **estás invitado a convertirte tú mismo en una casa de oración**.

Un lugar donde el cielo toca la tierra.

Un lugar donde al Padre le encanta habitar.

Estaré caminando contigo, capítulo a capítulo, día tras día. Ya estoy orando por ti.

Empecemos.

Con amor y esperanza,
tu hermano y amigo,
Éric Célérier

¿Quién soy?

Me llamo Éric Célérier, y mi pasión es simple pero profunda: tender puentes entre la tecnología y la teología para ayudar a las personas a encontrarse con el amor de Jesús de forma real y transformadora.

Desde hace treinta y cuatro años, Muriel —mi esposa— ha sido mi compañera fiel, tanto en la vida como en el ministerio. Juntos hemos criado a tres hijos maravillosos y ahora tenemos la inmensa alegría de ser abuelos. Nuestro camino ha estado entretejido por la unidad, la gracia y una misión compartida: hacer visible el amor de Dios en un mundo herido.

En 2006, fundé **Jesus.net**, un movimiento global que hoy reúne a más de 130 ministerios en todo el mundo, dedicados a la evangelización y al discipulado digital. Actualmente, también lidero una nueva aventura: **HelloBible.app**, el primer asistente bíblico inteligente del mundo, diseñado para ayudar a las personas a interactuar con las Escrituras mediante la inteligencia artificial, sin perder de vista a Jesús como centro.

A lo largo de los años, Dios me ha dado el privilegio de acompañar líderes, asesorar ministerios y hablar a la vida de personas en muchos países. Como embajador global de *The Chosen*, he podido ver de primera mano cómo el poder de las historias puede abrir corazones al evangelio. Sigo sirviendo a ministerios ayudándolos a navegar las oportunidades del mundo digital con estrategia, oración e innovación.

Como autor, mis escritos nacen de este mismo anhelo: ayudar a las personas a encontrarse con Dios de manera personal, significativa y diaria.

Este libro, *Una casa de oración*, es especialmente cercano a mi corazón.

No es solo un estudio sobre el Padre Nuestro; es una invitación a vivirlo, respirarlo y construir tu vida sobre él. Mi oración es que, a través de estas reflexiones, experimentes la presencia de Dios de manera tan profunda que tu vida entera se convierta en una casa donde el cielo toca la tierra.

No importa cuál sea el proyecto —ya sea lanzar aplicaciones innovadoras, escribir devocionales, mentorizar líderes o simplemente compartir un café con un amigo— una sola cosa me impulsa: **inspirarte a caminar más cerca de Dios y a experimentar Su amor, Su verdad y Su belleza** de una forma que lo cambia todo.

Es el mayor privilegio y la mayor alegría de mi vida ver corazones transformados cuando la fe y la tecnología se encuentran a los pies de Jesús. Y estoy profundamente agradecido de poder compartir este viaje contigo.

Introducción

Desbloqueando el poder antiguo del Padre Nuestro

Bienvenido al viaje que podría transformar tu vida: desbloquear el poder antiguo y vivificante del Padre Nuestro.

Pronunciadas por el mismo Jesús (Mt. 6:9–13; Lc. 11:2–4), estas palabras eternas han resonado a través de los siglos, los continentes y las culturas, uniendo a cristianos de todas las tradiciones. Más que una recitación familiar, el Padre Nuestro es una profunda invitación a una intimidad real con Dios: un plano para la vida diaria moldeado por la confianza, la adoración, el perdón y la rendición.

Cuando los discípulos le dijeron: "Señor, enséñanos a orar" (Lc. 11:1), Jesús no les entregó solo un conjunto de palabras para memorizar; les ofreció una manera de vivir. Desde las primeras comunidades cristianas hasta las iglesias contemporáneas —ortodoxas, católicas, protestantes y más allá— esta oración ha permanecido como el corazón de la identidad y práctica cristianas.

Cada frase está cargada de significado:

> Dios como nuestro Padre amoroso.
> Su reino avanzando a través de nuestras vidas.
> Provisión diaria, ofrecida con gracia.
> Perdón que transforma el corazón.
> Protección ante la tentación y liberación del mal.
> Gloria dada a Dios, por siempre y para siempre.

En solo unas pocas líneas poderosas, el Padre Nuestro encierra la esencia de la fe cristiana, y nos invita a vivirla con profundidad.

A lo largo de este libro, recorreremos paso a paso el Padre Nuestro, no solo para estudiarlo sino para **habitarlo**, construyendo una casa vibrante de oración donde la presencia de Dios pueda morar profundamente en tu vida. Descubrirás cómo estas palabras antiguas, pronunciadas por Jesús, siguen hoy respirando vida, esperanza y poder en cada rincón de nuestro mundo moderno.

¿Estás listo para desbloquear el tesoro que Jesús puso a tu alcance?

Empecemos... juntos.

Parte 1

CONSTRUYENDO EL SANTUARIO INTERIOR

Invitando a Dios a cada habitación de tu vida

Capítulo 1

Escribe la visión

"Señor, enséñanos a orar."

Lucas 11:1

¿Alguna vez te has preguntado por qué, entre todas las cosas asombrosas que hizo Jesús —caminar sobre el agua, sanar a los ciegos, multiplicar alimentos— Sus discípulos le pidieron específicamente que les enseñara a orar?

No le pidieron que les mostrara cómo predicar o cómo hacer milagros. Lo que anhelaban entender era la fuente de Su poder... y de Su paz. La oración era el cable invisible entre el cielo y la tierra. Sostenía cada milagro, cada acto de compasión, cada palabra que Él pronunciaba.

¿Qué pasaría si tú también descubrieras ese mismo canal?

¿Qué pasaría si la oración se convirtiera en tu lugar favorito para habitar... no una obligación, sino un deleite diario?

Encuentra tu espacio sagrado

Todos necesitamos un lugar especial para conectar profundamente con Dios. Para ti, puede ser una esquina tranquila de tu casa, una banca en el parque o incluso tu auto estacionado junto al mar. Para mí, es un sendero en el bosque cerca de nuestro hogar. Mientras camino bajo los árboles, las palabras de las Escrituras cobran vida. Y una y otra vez, son las palabras del Padre Nuestro las que me guían.

Paso a paso, me descubrí orando: "Padre nuestro...", y algo inesperado sucedió. Cada frase abrió una habitación en mi corazón... un lugar donde Dios me estaba esperando.

Un día, mientras caminaba y oraba, esta idea vino a mí como un susurro:

> *¿Y si el Padre Nuestro fuera más que una lista de peticiones?*
> *¿Y si fuera una casa espiritual?*

Comencé a verlo: una estructura, una morada, una arquitectura sagrada formada por frases. Una casa con dos pisos: el superior centrado en la gloria de Dios, el inferior en nuestras necesidades diarias. Una escalera que los conecta. Un techo. Un fundamento. Y cada línea del Padre Nuestro, otra puerta, otra habitación.

Compartí esta visión con Muriel, mi esposa, y luego con amigos cercanos: pastores, artistas, teólogos. Sus palabras de aliento me dieron el valor para escribir lo que ahora estás leyendo.

Un encuentro que transforma la vida

No mucho tiempo después, recibí un mensaje de mi amiga Déborah Rosenkranz, autora de *Un milagro cada día* en alemán. Su madre francesa la había ayudado a traducir algunos devocionales, y uno de ellos llegó directo a mi bandeja de entrada.

Incluía este versículo:

> Firmo mi propio saludo de mi puño y letra: Pablo. Recuerden que estoy en cadenas. (Col. 4:18 NTV)

Ese versículo me tocó profundamente. Pablo lo escribió desde la prisión, probablemente con una mano encadenada, adolorida, herida.

Una mano que antes fue usada para herir, ahora traía vida.

Una mano que el mundo intentó silenciar, ahora hablaba esperanza.

Débora añadió esta reflexión:

> Esa mano —la que fue herida, la que otros intentaron paralizar— se convirtió en la misma mano que Dios usó para escribir las Escrituras. ¿Y tu mano? ¿La tomarás de nuevo? ¿Permitirás que Dios escriba una historia de sanidad a través de ti?

Ese mismo día, abrí mi computadora portátil y comencé a escribir este libro.

La aventura infinita de la revelación

Juan termina su Evangelio con esta frase impresionante:

> Jesús también hizo muchas otras cosas. Si todas se pusieran por escrito, supongo que el mundo entero no podría contener los libros que se escribirían. (Jn. 21:25 NTV)

Ese versículo todavía me llena de asombro. La verdad de Dios no tiene fin. Su Palabra es eterna y está viva.

Aún hay libros esperando ser escritos; y tal vez tú estás llamado a escribir uno también.

Otro versículo encendió este fuego dentro de mí:

> Escribe la visión
> y grábala claramente en tablillas,
> para que se lea de corrido. (Hab. 2:2)

Así que escribe… no solo para mí, sino para todo aquel que quiera caminar más profundamente con Dios a través de la oración.

Enraizado en una verdad eterna

¿Sabías que la vida de oración de Jesús estaba profundamente enraizada en las antiguas tradiciones judías?

Cada día, Él oraba el Shemá:

> Escucha, Israel: EL SEÑOR nuestro Dios es el único SEÑOR. (Dt. 6:4)

Incluso el Padre Nuestro refleja las antiguas oraciones judías como el Kadish, que habla de que el nombre de Dios sea santificado, que venga Su reino y que se haga Su voluntad.

Jesús no vino a borrar su herencia. Vino a cumplirla, y a ofrecernos un modelo simple y poderoso para experimentar la presencia de Dios.

> Camila compartió: "La oración es mi lugar seguro, un cuarto interior donde soy completamente amada y conocida. Aquí, Dios me encuentra tal como soy."

¿Estás listo para un desafío?

Aquí está mi invitación para ti:

Durante los próximos treinta capítulos, dedica solo diez minutos intencionales cada mañana con Dios. Camina por tu propia casa sagrada de oración —habitación por habitación— y observa cómo Él te encuentra.

¿Qué pasaría si la oración no fuera algo que haces, sino el lugar donde vives?

Pasos prácticos

- **Elige tu espacio sagrado:** encuentra un lugar tranquilo donde puedas reunirte con Dios cada día.
- **Pregunta para reflexionar:** cada mañana pregúntale: "Señor, ¿qué nueva revelación tienes para mí hoy?"

Oremos juntos

Padre celestial:

Como los discípulos, hoy digo: "Señor, enséñame a orar."

Haz que el Padre Nuestro deje de ser solo palabras conocidas y se transforme en un fuego nuevo.

Moldea mi vida en una casa viva de oración, donde cada pensamiento y cada respiro se conviertan en una ofrenda.

Abre mi corazón para oír tu voz.

Que mis oraciones suban como incienso y regresen a la tierra con poder.

Creo que ya estás esperándome en cada habitación.

Gracias por la invitación. Digo sí.

En el poderoso nombre de Jesús, amén.

¿Hacia dónde vamos desde aquí?

Al comenzar este viaje sagrado, recuerda:

La oración no es solo una disciplina; es una invitación divina.

Una puerta está abierta.

Atraviésala —con el corazón por delante— y descubre el tesoro que te espera adentro.

Escucha más sobre este capítulo en el pódcast:

https://ericcelerier.net/podcast-1

Capítulo 2

La puerta de Dios: una invitación personal

"En el principio Dios creó los cielos y la tierra."

Génesis 1:1

Tal vez eres como yo: tiendes a pasar por alto las introducciones, pensando que son meras formalidades. Pero permíteme animarte a que no te saltes este capítulo. Significa mucho para mí, porque te ayudará a entender el corazón de este libro y cómo puede hablar directamente a tu vida. Gracias por tomar este momento conmigo.

¿Sabías que la primera letra de la primera palabra hebrea de la Biblia es una bet? En hebreo, esta letra comparte raíz con la palabra "casa" y visualmente se asemeja a un hogar abierto, que nos da la bienvenida con calidez.

A lo largo de este libro, exploraremos un tipo especial de casa: la casa de Dios. Este tema de una morada divina aparece desde la primera palabra de la Escritura, y representa un hogar al que Dios mismo te está invitando.

Ciertamente, esa "bet" puede simbolizar la tierra, nuestro hogar compartido que nos acoge y nutre; una idea hermosa que el papa Francisco desarrolla en su encíclica Laudato Si'. Sin embargo, aquí descubriremos principalmente el significado espiritual de esa casa: tu propio hogar interior.

Bienvenido por Dios mismo

¿Te has dado cuenta de que la Biblia comienza con una invitación?

La primera palabra en hebreo, *Bereshit*, que se traduce como "En el principio", empieza precisamente con esa *bet* acogedora. Desde el primer momento de las Escrituras, Dios extiende una alfombra divina de bienvenida, invitando a cada uno de nosotros a entrar en Su presencia.

Esta invitación tiene un significado profundo: Dios siempre ha deseado habitar entre Su pueblo. La imagen de una casa está tejida a lo largo de toda la Biblia; desde el Edén, pasando por el tabernáculo de Moisés y el templo de Salomón, hasta llegar hoy al santuario de nuestros corazones.

Martina compartió: "La imagen del hogar en el inicio del Padre Nuestro me tocó profundamente. Me recordó que soy una hija amada de Dios y me dio confianza para vivir sabiendo que Su amor es infinito."

Imágenes que iluminan la fe

Durante mis tiempos de oración y meditación, he notado que Dios a menudo habla a través de imágenes, parábolas y metáforas vívidas. Esta forma de comunicar, tan común en culturas orientales, nos ayuda a entender verdades complejas de forma sencilla y memorable. Visto desde esta perspectiva, la Biblia se convierte en una colección extraordinaria de imágenes vivas que inspiran, guían y nos alinean con el corazón de Dios.

Jesús, profundamente arraigado en la tradición judía, usaba frecuentemente estas imágenes memorables y parábolas para transmitir sabiduría. El Padre Nuestro, enraizado en esa herencia, refleja y amplía hermosamente la antigua oración judía llamada Kadish. A través de esta conexión, Jesús compuso una oración que trasciende culturas y siglos.

La palabra hebrea *Kadish* significa "santificación", y ocupa un lugar central en la adoración judía, exaltando la santidad del nombre de Dios.

Así comienza y termina el Kadish:

> Sea magnificado y santificado su gran Nombre
> en el mundo que Él creó conforme a Su voluntad.
> Que establezca Su reino,
> que florezca Su salvación y acerque a Su ungido...
> ante Su Padre que está en los cielos, y digamos: Amén.

Las similitudes con el Padre Nuestro —*Padre, nombre, voluntad, reino, cielo, amén*— son verdaderamente conmovedoras.

Del Edén a Emanuel

Desde el Edén, el anhelo más profundo de Dios ha sido claro: una comunión íntima con nosotros. El Edén era más que un jardín: era el hogar espiritual original de la humanidad, un lugar sagrado de comunión sin barreras con nuestro Creador. Aunque el pecado interrumpió esa intimidad, Dios nunca dejó de invitarnos de regreso a casa.

Su invitación resonó a través del tabernáculo de Moisés, del templo de Salomón, y se manifestó con total claridad en Jesús, Emanuel, que significa "**Dios con nosotros**".

Dios es un Padre que desea habitar entre Su pueblo, que anhela cercanía por encima de todo.

Mira lo que dice Juan 1:14:

> Y aquel Verbo fue hecho carne, y habitó entre nosotros. (RVR60)

La palabra griega traducida como "habitó" significa literalmente "acampó" o "plantó su tienda", evocando el tabernáculo en el desierto. Desde el principio, Dios no solo quiso hablarnos; quiso morar cerca de nosotros.

Y ahora, a través de la oración, Él hace de nuestros corazones Su hogar.

Una casa edificada con oración

El Padre Nuestro, entregado directamente por Jesús, es verdaderamente extraordinario. Aunque es breve —solo unas diez oraciones y exactamente sesenta y seis palabras en griego— encierra todo el relato bíblico. De hecho, muchos ven en esta oración un símbolo de los sesenta y seis libros de la Biblia.

Cada frase del Padre Nuestro te invita a una habitación dentro de tu corazón, diseñada cuidadosamente para llevarte a una intimidad más profunda con el Padre.

Tim Keller describe la oración de una manera maravillosa:

> La oración convierte la teología en experiencia.[1]

Cada palabra del Padre Nuestro está diseñada para transformar los momentos ordinarios en encuentros extraordinarios con Dios.

Evelyn testificó: "En mi infancia, mi casa no era segura. Pero hoy, cuando hablo con mi Padre, me siento bienvenida, amada y valorada más allá de mis sueños."

Tu respuesta personal

¿Por qué no pausar un momento ahora mismo y responder personalmente a la invitación de Dios?

Toma un instante tranquilo y comparte con Él lo que sientes, tus esperanzas, tus dudas. Imagina que estás añadiendo una habitación más a tu casa espiritual: un espacio íntimo donde a Dios le encanta habitar.

Guiado suavemente por el Espíritu Santo

Jesús prometió que el Espíritu Santo nos guiaría continuamente hacia una verdad más profunda:

> Pero el Consolador, el Espíritu Santo, a quien el Padre enviará en mi nombre, les enseñará todas las cosas y les hará recordar todo lo que he dicho. (Jn. 14:26)

Así como los antiguos rabinos estudiaban la Escritura como gemas con múltiples facetas, tú también estás invitado a un viaje continuo de descubrimiento, sacando cada día nuevos tesoros de la Palabra de Dios.

Pasos sencillos para crecer

- **Invitación instantánea:** Haz una pausa ahora y ora simplemente: "Padre, habita abundantemente en mi corazón hoy."
- **Pregunta para reflexionar:** Esta noche antes de dormir, pregúntate: "¿De qué forma experimenté hoy la invitación de Dios?"

Deja que estas prácticas sencillas profundicen tu conciencia de Su presencia amorosa y cultiven una intimidad duradera con Él.

Oremos juntos

Padre celestial:

Gracias por invitarme personalmente desde el principio. Desde el Edén hasta hoy, estar cerca de mí siempre ha sido tu mayor deseo. Haz de mi corazón tu hogar, lleno continuamente de tu presencia.

Espíritu Santo, guíame hacia tu verdad. Usa el Padre Nuestro para transformar mis días comunes en encuentros sagrados contigo.

En el precioso nombre de Jesús, amén.

¿Hacia dónde vamos desde aquí?

Este viaje no se trata solo de aprender a orar. Se trata de convertirse en una casa viviente —un lugar donde Dios verdaderamente desea habitar.

En el próximo capítulo, conoceremos a Jesús, nuestro Maestro Arquitecto, quien desea diseñar y llenar cada rincón de tu casa espiritual.

Escucha más sobre este capítulo en el pódcast:

https://ericcelerier.net/podcast-es-2

Capítulo 3

El *Tekton*: el Arquitecto maestro de tu corazón

¿Alguna vez has recorrido una casa en remodelación? Todo está cubierto de polvo, el ruido es ensordecedor y el caos parece reinar. Sin embargo, bajo ese aparente desorden, algo hermoso está tomando forma en silencio.

Mi camino espiritual ha sido muchas veces así: desordenado, confuso, a veces doloroso. Pero mirando atrás, ahora veo con claridad: cada momento ha sido parte de un diseño intencional, cuidadosamente guiado por Jesús: el Maestro Arquitecto de mi corazón.

En los capítulos anteriores, exploramos el profundo deseo de Dios de habitar con nosotros. Ahora, conozcamos a Jesús, nuestro *tekton*, quien con amor transforma nuestras vidas en Su obra maestra.

Más que un carpintero

Durante los primeros diez o quince años de Su vida adulta, Jesús trabajó silenciosamente como carpintero en Nazaret. Pero la palabra griega usada para describirlo, *tekton*, va mucho más allá de la carpintería. Un *tekton* era un artesano hábil, un diseñador, alguien que visualizaba, planeaba y construía con intención y precisión, utilizando diversos materiales.[1]

Cuando la gente de Nazaret preguntó con escepticismo: "¿No es este el carpintero?" (Mc. 6:3), su familiaridad los cegó. Veían madera y clavos, pero Jesús veía vidas transformadas para la eternidad.

Cuando descubrí el significado más profundo de *tekton*, algo se encendió en mí. Jesús no solo reparaba cosas rotas... Él diseña vidas completas. La mía. La tuya.

Greg Leith, director de una red de líderes, compartió una vez esta idea:

> Jesús no era solo un Carpintero... era un gran planificador. Hoy lo llamaríamos arquitecto.[2]

Un *tekton* no solo usa herramientas; trabaja con visión.

Emilia compartió con honestidad: "Ver a Jesús como mi Arquitecto cambió la forma en que enfrento las tormentas de la vida. Ahora cada prueba tiene propósito: forma mi carácter y profundiza mi fe."

Tu vida construida sobre roca

Jesús ilustra maravillosamente la importancia de un fundamento sólido en Su parábola de los dos constructores (ver Mt. 7:24–27). Ambos edificaron casas, pero solo la que estaba sobre roca resistió la tormenta.

Haz una pausa sincera y pregúntate: "¿Sobre qué fundamento estoy construyendo mi vida hoy?"

El Padre Nuestro no es simplemente una oración que se repite: es un cimiento firme capaz de anclar profundamente tu corazón en la verdad de Dios.

Jesús nos invita con ternura:

> Pero tú, cuando te pongas a orar, entra en tu cuarto, cierra la puerta y ora a tu Padre, que está en lo secreto. (Mt. 6:6)

Ese "cuarto" es tu corazón, diseñado intencionalmente para una comunión íntima con Dios. Entrar en ese espacio sagrado te ayuda a pasar:

- De la actuación a la presencia.
- De la distracción a la intimidad divina.

Intimidad auténtica en lugar de apariencia

Jesús advierte con amor:

> Cuando oren, no sean como los hipócritas, [...] ya han obtenido toda su recompensa. (Mt. 6:5)

La oración verdadera busca intimidad con Dios, no aplausos de otros. Tu corazón, diseñado por el Maestro Arquitecto, está destinado a ser un santuario: un lugar sagrado para encontrarte con Él en privado.

Pablo lo expresa maravillosamente:

> Porque somos hechura suya, creados en Cristo Jesús para buenas obras, las cuales Dios preparó de antemano para que anduviésemos en ellas. (Ef. 2:10 RVR60)

La palabra griega *poiēma*, traducida como "hechura", significa literalmente "obra maestra".[3] No eres un accidente; eres una creación intencional de Jesús mismo.

Cuando entendí cuán deliberadamente Jesús forma nuestras vidas, otra imagen me tocó profundamente.

C. S. Lewis lo describe así:

> Imagina que eres una casa viviente. Dios entra para renovarla... pensabas que te estaba convirtiendo en una casita decente, pero Él está construyendo un palacio. Y tiene la intención de vivir en él.[4]

Como placas tectónicas moviéndose bajo la superficie (de hecho, la palabra "tectónico" viene de *tekton*), el Padre Nuestro tiene un poder oculto, y nos transforma desde lo profundo. Incluso los momentos difíciles, que antes veía como retrocesos, ahora los reconozco como parte del proceso amoroso de Dios, moldeándome a la imagen de Cristo.

Sofía añadió: "Comprender que Jesús diseña cada detalle de mi vida me dio una paz increíble. Incluso en la incertidumbre, confío completamente en Sus manos amorosas."

Tu respuesta personal

Tómate un momento tranquilo para reflexionar con sinceridad:

- ¿Qué área de tu vida necesita urgentemente el toque amoroso del Arquitecto?
- Escríbela con claridad. Preséntala en oración, confiando plenamente en que Jesús la integrará dentro del plano maestro de tu corazón.

Cuando practiques estos pasos simples, descubrirás una intimidad más profunda con Dios, una paz duradera y una fuerza renovada para enfrentar las tormentas con mayor resiliencia.

Oremos juntos

Padre celestial:

Gracias por enviar a Jesús, el Maestro Arquitecto de mi corazón. Hoy me abro por completo a tu diseño amoroso. Quita con suavidad todo lo que estorba tu cercanía. Transforma mi vida en una casa vibrante de oración.

Jesús, renueva y moldea cada rincón de mi ser. Dame claridad y valor para abrazar plenamente tu asombroso plan. Gracias por formarme con tanta intención y amor.

En tu precioso nombre, amén.

¿Hacia dónde vamos desde aquí?

Al avanzar hacia el próximo capítulo, el Maestro Arquitecto está listo para quitar las distracciones y profundizar Su obra de renovación en tu corazón. ¿Estás listo para recibir Su toque transformador hoy?

Escucha más sobre este capítulo en el pódcast:

https://ericcelerier.net/podcast-es-3

Capítulo 4

Volcando mesas

¿Alguna vez has entrado en una habitación tan desordenada que tu corazón se hunde al instante?

A mí me ha passado... más de una vez. De hecho, incluso siendo pastor, me he encontrado en momentos donde mi corazón se sentía como esa habitación caótica: lleno de preocupaciones, distracciones y prioridades mal colocadas. Mis oraciones se habían vuelto rutinarias y mecánicas, y la intimidad genuina con Dios se sentía dolorosamente distante.

¿Te ha pasado también?

Fue en esos momentos de comprensión sincera donde supe lo que necesitaba: necesitaba que Jesús volteara con pasión las mesas que saturaban mi vida espiritual.

En los capítulos anteriores, hemos visto a Jesús formar suavemente nuestro corazón como Maestro Arquitecto. Pero a veces, antes de construir algo verdaderamente hermoso, Él necesita primero limpiar con amor lo que estorba.

Una limpieza apasionada

Una de las escenas más vívidas de las Escrituras es cuando Jesús entra al templo en Jerusalén:

> Escrito está —dijo—: "Mi casa será llamada casa de oración", pero ustedes la han convertido en "cueva de ladrones". (Mt. 21:13)

Cuando Jesús volcó aquellas mesas, no actuó con ira descontrolada. Lo hizo con claridad profética y con una intención espiritual: restaurar el propósito verdadero del templo: la comunión íntima con Dios. Observa el poder simbólico de sus acciones:

- **Mesas volcadas** obligaban a los comerciantes a **arrodillarse** para recoger sus monedas dispersas: una postura humilde, esencial para la oración.
- **Palomas liberadas** hacían que todos **levantaran la vista hacia el cielo**, recordándoles su conexión espiritual renovada.

Este momento fue maravillosamente representado por mi amigo Jonathan Roumie al inicio de la temporada 5 de *The Chosen*. Jonathan me confesó con humor que fue entrenado personalmente por el mismo experto que entrenó a Harrison Ford para *Indiana Jones*... y que incluso se quedó con el látigo "por si acaso".

Tu corazón: la morada sagrada de Dios

Mucho antes de que Jesús limpiara el templo físico, Dios declaró por medio del profeta Isaías:

> Los llevaré a mi monte santo;
> y los llenaré de alegría en mi casa de oración...
> una casa de oración para todos los pueblos. (56:7)

Observa detenidamente estas palabras:

- **Mi casa:** Tu corazón es el hogar elegido por Dios.
- **Casa de oración:** Su propósito es la conversación sagrada continua.
- **Para todos los pueblos:** Nadie queda excluido.
- **Alegría:** La oración verdadera trae deleite, no obligación.

Hoy, Jesús desea reclamar tu corazón con esa misma claridad e intención. Pablo nos recuerda:

> ¿Acaso no saben que su cuerpo es templo del Espíritu Santo, quien está en ustedes...? (1 Co. 6:19)

Pero seamos sinceros: nuestros corazones se llenan fácilmente de cosas. Y es ahí donde Jesús interviene; no con condena, sino con amor que limpia y restaura.

Marcos confesó que perseguir estatus lo había dejado vacío. Cuando finalmente entregó su desorden a Jesús, la alegría verdadera volvió: real y duradera.

¿Y tú?

Tal vez estás construyendo una vida que se ve impresionante, pero ¿qué pasa con tu alma?

Hace años conocí a un hombre que parecía tenerlo todo: una vasta colección de vinos, un ascensor privado, cada lujo imaginable. Y sin embargo, espiritualmente estaba vacío. Tristemente, falleció poco después, sin haber disfrutado lo que había acumulado.

Jesús contó una parábola que nos recuerda esta verdad:

> Diré: "Alma mía, ya tienes bastantes cosas buenas guardadas para muchos años. Descansa, come, bebe y goza de la vida". Pero Dios le dijo: "¡Necio! Esta misma noche te van a reclamar la vida. ¿Y quién se quedará con lo que has acumulado?" (Lc. 12:19–20)

Y Jesús concluyó con una advertencia:

> Así sucede al que acumula riquezas para sí mismo, en vez de ser rico delante de Dios. (v. 21)

Reflexiona personalmente:

- ¿Dónde están tus verdaderos tesoros hoy?
- ¿Qué es lo que realmente llena tu corazón?
- ¿Eres rico para con Dios?

Momento interactivo: inventario del corazón

Tómate un momento en silencio.

- ¿Qué mesas de tu vida necesitan ser volcadas?
- ¿Qué distracciones, preocupaciones o ambiciones están ocupando el lugar de Dios?

Anótalas con claridad y luego ora: "Jesús, con tu amorosa autoridad, voltea cada distracción. Reclama mi corazón completamente para ti."

Pasos prácticos

- **Oración diaria:** "Jesús, limpia hoy mi corazón de toda distracción."
- **Reflexión nocturna:** Pregúntate regularmente: "¿Viví hoy como una verdadera casa de oración?"
- **Limpieza semanal:** Dedica unos minutos para escribir sobre cualquier "desorden" que notes, y entrégalo a Jesús en oración.

Una perspectiva poderosa

John Ortberg lo resume con sabiduría:

> A Dios no le interesa tu "vida espiritual". A Dios le interesa tu vida. Él quiere redimirla por completo.[1]

Dios desea habitar en cada habitación de tu corazón; no solo en las etiquetadas como "espirituales".

Oremos juntos

Padre celestial:

Así como Jesús reclamó el templo con amor, por favor reclama hoy mi corazón. Voltea cada mesa de distracción, temor o ambición egoísta. Haz de mi corazón una verdadera casa de oración: un lugar donde te encante habitar.

Gracias por tu amor apasionado y constante. Enséñame a darte la bienvenida cada día, a rendirme con confianza y a dejarte limpiar mi alma con ternura.

En el poderoso nombre de Jesús, amén.

Lorena compartió cómo una enfermedad crónica la había desgastado espiritualmente. Al orar lentamente el Padre Nuestro, se volvió a abrir en su interior el espacio sagrado del encuentro.

¿Hacia dónde vamos desde aquí?

A medida que Jesús limpia con amor el desorden de tu corazón, abre espacio para algo realmente maravilloso.

En el próximo capítulo, abrazaremos la sencillez y maravilla del diseño divino, y descubriremos el nuevo plano que Dios tiene para tu corazón.

¿Estás listo para ver lo que Él construye a continuación?

Escucha más sobre este capítulo en el pódcast:

https://ericcelerier.net/podcast-es-4

Capítulo 5

El plano del corazón

¿Recuerdas la alegría pura que sentías de niño al sostener una caja de crayones y enfrentarte a una hoja en blanco llena de posibilidades?

Jesús oró una vez:

> Te alabo, Padre, Señor del cielo y de la tierra, porque habiendo escondido estas cosas de los sabios e instruidos, se las has revelado a los niños. (Mt. 11:25)

La fe como la de un niño no es inmadurez... es claridad espiritual. Es apertura, confianza y asombro. Muchas veces, redescubrir la visión de Dios para nuestras vidas no comienza con una teología profunda, sino con algo tan simple y entrañable como un dibujo infantil.

Mostrando con orgullo tu dibujo

Imagina que eres un niño otra vez, y le muestras tu dibujo a tu papá: "¡Mira, papi! Dibujé nuestra casa. Aquí está la puerta, la ventana y la chimenea. ¡Y aquí estás tú, y mamá! Ah, y también el sol y un árbol. ¿Te gusta?"

¿Recuerdas tus propios primeros dibujos? Tal vez, como yo, comenzaste con muñecos de palitos antes de atreverte a dibujar tu primera casa.

Esto me recuerda una escena muy conocida del libro *El Principito*, de Antoine de Saint-Exupéry. El principito le pide al aviador: "Dibújame un cordero." Después de varios intentos, el aviador termina dibujando una caja y le dice: "El cordero está dentro." Y el rostro del principito se ilumina con alegría.

Este encuentro maravilloso nos muestra cómo los niños usan la imaginación sin esfuerzo. Nos enseña la belleza y el poder de la sencillez: una cualidad que todos deberíamos guardar en el corazón.

Diana imaginó: "En mi dibujo hay un jardín lleno de flores, que representa oraciones y alabanzas. Es donde nos reunimos en familia, amados y creciendo juntos."

Mi primera comunión: Un encuentro sagrado

Recuerdo claramente cuando me preparaba para mi primera comunión, a los diez años. Para ser sincero, no comprendía del todo su significado espiritual; lo que más me emocionaba era la bicicleta amarilla que mis padres me habían prometido. Pero sucedió algo inesperado.

Ese día, experimenté la presencia viva de Jesús. El perdón y la paz que sentí fueron tan profundos, que la bicicleta pasó a segundo plano. Se convirtió en uno de los momentos más sagrados y especiales de mi vida, una demostración palpable de fe infantil en acción.

El poder de la sencillez

Tenemos mucho que aprender observando a los niños. Saben vivir cada día con alegría, confiar plenamente, y abrazar el misterio de Dios sin necesidad de todas las respuestas.

Jesús lo dejó claro:

> Les aseguro que a menos que ustedes cambien y se vuelvan como niños, no entrarán en el reino de los cielos. (Mt. 18:3)

La fe como la de un niño abre la puerta al reino de Dios. Nos permite abrazar verdades profundas que a menudo la complejidad del mundo adulto oscurece.

Dibuja tu casa de oración

Aquí tienes un reto creativo: toma un lápiz y papel, y dibuja tu casa de oración. No importa si sabes dibujar bien; esto se trata de visión espiritual. Tal vez tu casa tiene ventanas abiertas para dar la bienvenida al Espíritu Santo, o un jardín lleno de flores que representa tus oraciones. O quizás solo sea una caja sencilla... pero sabes que Dios está allí, listo para encontrarse contigo.

La palabra hebrea para "casa", *bayit*, significa más que un edificio. Habla de familia, legado y morada sagrada.

Cuando el rey David quiso construirle una casa a Dios, el Señor le dio la vuelta a la promesa y le ofreció a David un legado espiritual eterno (ver 2 Sm. 7:11–13).

Tu dibujo no es un simple juego infantil; es una oración sincera que dice: "Señor, aquí está mi corazón. Habita en él."

Si deseas, me encantaría ver tu dibujo. Puedes enviarlo a: contact@ericcelerier.net. Siempre me alegra ver cómo otras personas visualizan su corazón como una casa de oración.

Juan expresó: "Mi casa de oración es fuerte y estable: un templo que resiste las tormentas. Me ancla en Dios, siempre firme e inquebrantable."

Llenos de la plenitud de Dios

Pablo nos deja esta oración conmovedora:

> Que por fe Cristo **habite** en sus corazones [...] puedan comprender [...] cuán ancho y largo, alto y profundo es el amor de Cristo [...] que sean **llenos** de la **plenitud de Dios**. (Ef. 3:17–19)

- **Habitar** (*katoikeō*): Cristo quiere vivir contigo con comodidad y constancia.
- **Llenos** (*plēroō*): Completamente impregnados por Su presencia.
- **Plenitud de Dios:** Nada falta: vida en abundancia.

Tu dibujo se convierte en un recordatorio visible de esta verdad invisible.

Maneras sencillas de crecer en fe infantil

Aquí tienes algunas ideas prácticas para esta semana:

- **Dibuja tu casa de oración:** Colócala en un lugar visible. Que te recuerde a diario que tu corazón es morada del Espíritu.
- **Reflexiona:** ¿Qué aspecto de la fe infantil desearías redescubrir hoy? Escríbelo y habla con Dios al respecto con honestidad.

Al abrazar estas prácticas simples, sentirás tu corazón más ligero, más claro y más abierto a la alegría de ser profundamente conocido por Dios.

Oremos juntos

Padre celestial:

Como un niño que ofrece su dibujo, hoy te ofrezco mi corazón. Restaura en mí la alegría y el asombro de una fe infantil. Muéstrame de nuevo la belleza de lo simple.

Jesús, vive con libertad y gozo en mí. Expande mi corazón hasta que rebose con tu amor.

Espíritu Santo, ayúdame a dibujar no solo con mis manos, sino con toda mi vida. Que cada día sea un nuevo plano, lleno de tu gracia, tu gozo y tu presencia.

En el nombre de Jesús, amén.

¿Hacia dónde vamos desde aquí?

A medida que continuamos este viaje, observa cómo Dios transforma estos bocetos sencillos y sinceros en moradas vibrantes, llenas del Espíritu.

Él no solo acepta tu dibujo: desea habitarlo. ¿Estás listo para construir junto a Él hoy?

Escucha más sobre este capítulo en el pódcast:

https://ericcelerier.net/podcast-es-5

Capítulo 6

Tú eres Su morada

¿Alguna vez has vivido un momento en el que la presencia de Dios se volvió tan real que transformó por completo tu manera de entenderlo?

Imagina estar solo, abrumado por las presiones de la vida, cuando de pronto una verdad reconfortante susurra a tu corazón: "Tú eres el templo del Dios viviente." En un instante, tus cargas se disipan, la paz inunda tu interior, y el espacio ordinario a tu alrededor se convierte en un santuario sagrado.

Esta revelación —que Dios mismo elige morar permanentemente en ti— puede cambiar no solo un momento, sino tu vida entera.

En el capítulo anterior, visualizamos nuestros corazones como casas de oración llenas de sencillez infantil. Pero Dios desea más que dibujos: anhela que tu vida entera se convierta en Su morada viva, llena de Su presencia y Su gloria.

La búsqueda apasionada de Dios

Desde el jardín del Edén, el deseo más profundo de Dios ha sido evidente: habitar con Su pueblo. El Edén no era solo un paraíso; era un lugar sagrado donde Dios caminaba y hablaba con el ser humano (ver Gn. 3:8). Aunque el pecado interrumpió esa intimidad, Dios nunca dejó de buscarnos para restaurarla. Desde que preguntó: "¿Dónde estás?", ha estado invitándonos a volver a casa.

A lo largo de la historia, Dios dio señales claras de Su anhelo:

- El tabernáculo, una casa portátil de oración, era llamado la "tienda de reunión" (Ex. 33:7).
- Un plano divino entregado a Moisés: "El santuario y todo su mobiliario deberán ser una réplica exacta del modelo que yo te mostraré." (Ex. 25:9)

Incluso el rey Salomón, al construir el gran templo, reconoció sus límites:

> Pero ¿será posible que tú, Dios mio, habites en la tierra? Si los cielos, por altos que sean, no pueden contenerte, ¡mucho menos este templo que he construido! (1 Re. 8:27)

Pablo lo confirma con claridad:

> El Dios que hizo el mundo y todo lo que hay en él [...] no vive en templos construidos por hombres. (Hch. 17:24)

Dios no busca estructuras de piedra. Él está construyendo una casa espiritual, ladrillo por ladrillo, corazón por corazón.

Tu corazón: la verdadera morada de Dios

Pablo lo expresa con firmeza:

> ¿No saben que ustedes son templo de Dios y que el Espíritu de Dios habita en ustedes? (1 Co. 3:16)

Pedro lo confirma con ternura:

> También ustedes son como piedras vivas, con las cuales se está edificando una casa espiritual. (1 Pe. 2:5)

Y Hebreos lo subraya suavemente:

> Y esa casa somos nosotros, siempre y cuando mantengamos nuestra confianza y la esperanza que nos enorgullece. (Heb. 3:6)

Tú mismo —cuerpo, mente y espíritu— eres la morada elegida por Dios. Su Espíritu no es un huésped temporal; quiere establecer en ti Su hogar permanente.

De habitación a gloria

Ezequiel tuvo una visión poderosa de lo que Dios desea para nosotros:

> La gloria del Señor [...] se elevó y [...] llenó el Templo, y el atrio se lleno del resplandor de la gloria del Señor. (Ez. 10:4)

Esa imagen del Antiguo Testamento anticipa lo que Dios quiere hacer hoy en tu corazón: no solo ocuparlo, sino llenarlo por completo. No solo susurrar, sino inundarlo de Su presencia.

Tú eres el lugar donde Dios eligió morar. Tú eres Su hogar. Tú eres Su santuario. Es en el centro más profundo de tu ser donde Él se deleita en habitar.

Permanecer, no solo visitar

Jesús nos hace una invitación personal:

> Si permanecen en mí y mis palabras permanecen en ustedes, pidan lo que quieran y se les concederá. (Jn. 15:7)

La palabra *permanecer* significa hacer de un lugar tu casa, tu hogar estable. Dios te está llamando a una relación continua de intimidad, no a visitas ocasionales.

Valeria reflexionó: "Es un gozo indescriptible saber que el Espíritu Santo vive en mí. Mi oración es ser un lugar donde Él realmente disfrute habitar."

Pasos prácticos para acoger Su presencia

- **Declaración diaria:** "Padre, recuérdame hoy que soy tu morada. Llena cada parte de mi vida con tu presencia."

- **Pausa y reflexión regular:** "¿Estoy honrando la presencia de Dios en mí en este momento?"
- **Meditación semanal:** Lee Efesios 3:17–19 y visualiza tu corazón siendo lleno completamente de Su amor y Su gloria.

A medida que interiorices estas prácticas simples, notarás una paz más profunda en tu corazón. Serás más consciente de la presencia de Dios en cada día, descubrirás un propósito renovado en tus relaciones, y sentirás un deseo creciente de caminar más cerca de Él.

Olivia dijo con sencillez: "Saber que Dios eligió mi corazón como Su casa llenó mis días de propósito verdadero. Su presencia guía ahora cada decisión que tomo."

Oremos juntos

Padre celestial:

Gracias por elegir mi corazón como tu hogar. Me asombra que tú —el Dios que llena el cielo y la tierra— desees habitar íntimamente en mí.

Lléname hoy de nuevo con tu Espíritu. Satura cada parte de mi vida con tu presencia. Haz de mi corazón un lugar donde tú ames vivir.

Jesús, que tus palabras permanezcan profundamente en mí. Convierte mis momentos ordinarios en actos simples y genuinos de adoración.

Espíritu Santo, no permitas que me conforme con visitas ocasionales. Habita en mí plenamente. Que cada pensamiento, palabra y acción refleje tu amor y tu gracia.

En el nombre poderoso y amoroso de Jesús, amén.

¿Hacia dónde vamos desde aquí?

No eres solamente un seguidor de Cristo; eres Su morada. Y el plano de Dios para tu vida está lleno de intimidad, asombro y presencia divina.

En el próximo capítulo, descubriremos el misterio más profundo que encierran las palabras del Padre Nuestro, y cómo cada frase abre la puerta a la revelación y a la presencia divina.

Escucha más sobre este capítulo en el pódcast:
https://ericcelerier.net
/podcast-es-6

¿Estás listo para abrir tu corazón y darle la bienvenida plenamente a casa?

Capítulo 7

Revelando el misterio divino

¿Alguna vez has redescubierto algo familiar que de repente se te revela como completamente nuevo y transforma tu manera de verlo?

Quizá fue un versículo que has leído muchas veces, una oración que repites desde la infancia, o una historia conocida, pero en un momento inesperado, se volvió viva y tocó tu corazón de una forma nueva. El Padre Nuestro es precisamente ese tipo de misterio divino, que continuamente nos invita a una intimidad más profunda con Dios.

Un misterio es como una perla: solo revela su belleza a quien reconoce su valor. Incluso Einstein dijo una vez:

> La experiencia más hermosa que podemos tener es la del misterio.[1]

Aunque él se refería al universo físico, nosotros somos invitados a explorar los misterios de Dios. El pastor Tim Keller lo expresa así:

> La oración convierte la teología en experiencia.[2]

El Padre Nuestro no está diseñado solo para ser recitado; es una puerta. Un plano. Una invitación para experimentar la presencia de Dios en formas cada vez más profundas.

Entrando en el misterio

Lo que hace extraordinario al Padre Nuestro es su profundidad sin fin. Siempre tiene más para revelar a quien lo busca. Entremos ahora en este misterio sagrado.

Jesús a menudo enseñaba mediante parábolas: historias simples llenas de profundidad oculta. ¿Por qué? Porque a Dios le encanta la búsqueda. La palabra griega para "misterio", *mustērion*, significa un secreto que por un tiempo ha estado oculto, pero destinado a ser revelado.[3]

Jesús les dijo a Sus discípulos:

> A ustedes se les ha concedido conocer los misterios del reino de los cielos. (Mt. 13:11)

Pablo escribió:

> El misterio que me dio a conocer por revelación [...] podrán darse cuenta de que comprendo el misterio de Cristo. (Ef. 3:3–4)

Y también:

> Que todos nos consideren servidores de Cristo, encargados de administrar los misterios de Dios. (1 Co. 4:1)

Cada frase del Padre Nuestro es como una habitación en una gran casa, esperando a que entres, la explores y la habites.

Corazones encendidos en el camino a Emaús

¿Recuerdas a los discípulos camino a Emaús? Estaban desanimados, confundidos, sin saber que Jesús caminaba con ellos. Él les abrió las Escrituras, mostrándoles cómo todo apuntaba a Él. Luego ocurrió el momento crucial:

> Luego, estando con ellos a la mesa, tomó el pan, lo bendijo, lo partió y se lo dio. Entonces se les abrieron los ojos y lo reconocieron. (Lc. 24:30–31)

¿Y qué dijeron luego?

> ¿No ardía nuestro corazón mientras conversaba con nosotros en el camino y nos explicaba las Escrituras? (v. 32)

Esto es lo que Dios desea para ti: que cada vez que ores el Padre Nuestro, tu corazón arda, tus ojos se abran, y reconozcas a Jesús.

Antonieta me dijo: "A veces tengo que leer un pasaje varias veces antes de comprenderlo de verdad. Es como entrar en una casa: primero estás en el porche, luego el pasillo, luego la cocina. Cada oración revela una nueva habitación."

De la ceguera a la visión

Como el hombre sanado en Juan 9, que dijo: "Yo era ciego y ahora veo" (v. 25), la revelación lo cambia todo. Lo que antes era rutina se vuelve resplandeciente. Lo que estaba oculto se vuelve sagrado.

Pasos prácticos para avanzar

- **Invitación diaria a la revelación:** Antes de orar, susurra: "Señor, muéstrame hoy algo nuevo."
- **Meditación por frases:** Escoge una frase del Padre Nuestro. Pregunta a Dios: "¿Qué verdad escondida quieres revelarme aquí?"
- **Pregunta para reflexionar:** ¿Qué verdad oculta sobre Dios o la oración deseas descubrir más profundamente en este momento?

Oremos juntos

Padre celestial:

Gracias por esconder tesoros a plena vista. Abre mis ojos mientras oro. Que mi corazón arda dentro de mí mientras revelas a Jesús en cada palabra. Llévame más allá, hacia el misterio de tu amor.

Espíritu Santo, ayúdame a entrar en cada habitación de esta casa divina con asombro. Muéstrame lo que nunca he visto. Haz de cada oración un lugar de encuentro.

Jesús, parte el pan de tu Palabra en mi corazón. Haz que te reconozca allí.

En tu poderoso nombre, amén.

Nicolás dijo: "Descubrir el misterio del Padre Nuestro revolucionó mi vida espiritual. La oración dejó de ser un deber para convertirse en un deleite diario."

¿Hacia dónde vamos desde aquí?

A medida que avanzamos, descubramos los tesoros escondidos en cada frase que Jesús nos enseñó. En el próximo capítulo, comenzaremos con las palabras más íntimas: "Padre nuestro."

¿Estás listo para cruzar esa puerta?

Escucha más sobre este capítulo en el pódcast:

https://ericcelerier.net /podcast-es-7

Una pausa sagrada antes de continuar

Antes de adentrarnos en la siguiente etapa de nuestro recorrido, tomémonos un momento para algo verdaderamente especial.

Como embajador global de *The Chosen*, es un gozo para mí compartir contigo un momento sagrado: **Jonathan Roumie** —el actor que interpreta a Jesús— recitando el Padre Nuestro en arameo, el mismo idioma que Jesús habría hablado.

Esta grabación fue realizada durante la poderosa filmación de la escena que representa la multiplicación de los cinco mil.

Al escucharlo, sentirás cómo eres transportado a otro mundo: un mundo más antiguo, donde la oración no era pulida ni formal, sino viva, íntima y profundamente conectada con el Padre.

Por supuesto, nadie conoce con exactitud la pronunciación del arameo de hace dos mil años. Pero el corazón de este momento no está en la perfección de las palabras, sino en entrar en el espíritu de la oración que Jesús enseñó.

Deja que tu corazón imagine a Jesús enseñándote suavemente: "Cuando oren, digan..."

Siente la sencillez. La cercanía. La invitación.

Este momento es un puente... entre todo lo que hemos descubierto hasta ahora y lo que estamos a punto de explorar: **el lugar sagrado donde la oración verdaderamente comienza... en los brazos de nuestro Padre celestial.**

Caminemos juntos hacia adelante.

https://ericcelerier.net/jonathanroumie

Reflexión y oración

Reflexión y oración

Parte 2

DONDE COMIENZA LA ORACIÓN

Encontrarse con el Padre

Capítulo 8

Entrando en la casa espiritual

Recientemente, mi esposa y yo visitamos Notre Dame de París tras su esperada reapertura. Años atrás, un incendio devastó este edificio emblemático. Pero al entrar nuevamente, algo me conmovió profundamente: la catedral, ahora restaurada, irradiaba una belleza que superaba incluso su gloria anterior. La luz del sol atravesaba los vitrales renovados, iluminando piedras antiguas pulidas por siglos de oración. Una sensación de asombro llenó nuestro corazón.

De manera similar, imagina algo aún mayor —tu propia vida— como un santuario espiritual, diseñado y restaurado con amor por Dios mismo. El Salmo 127:1 nos recuerda:

> Si el SEÑOR no edifica la casa,
> en vano se esfuerzan los albañiles.

Tu vida, anclada en Cristo, es precisamente esa morada sagrada: una obra maestra que está siendo moldeada continuamente por manos divinas. Así como Notre Dame fue restaurada con un esplendor aún mayor, Dios desea reconstruir tu corazón y llenarlo de una belleza renovada.

Acercándote a la puerta divina

Imagina la entrada de tu casa espiritual. No está al nivel del suelo, sino misteriosamente suspendida entre el cielo y la tierra. Invisible para el mundo exterior, solo se revela a través de los ojos de la fe, revelada por el Espíritu Santo. Esa puerta es Jesús mismo.

> Yo soy la puerta; el que entre por esta puerta, que soy yo, será salvo. Podrá entrar y salir con libertad y hallará pastos. (Jn. 10:9)

Jesús es la puerta viviente entre el propósito divino y nuestra vida terrenal. A través de Él, entras a un lugar donde lo cotidiano se convierte en revelación y los momentos ordinarios se llenan de sentido celestial.

Subiendo al nivel superior: un techo abierto al cielo

Al entrar en tu casa espiritual, tus ojos se elevan de forma natural. Imagina un techo que se alza como una gran bóveda de catedral, abierto al cielo, atrayendo tu espíritu hacia Dios. Justo aquí comienza el Padre Nuestro:

> Padre nuestro que estás en el cielo...

En este piso superior, todo refleja la santidad de Dios, Su reino y Su voluntad perfecta. Es un lugar de adoración, reverencia y entrega.

> No habrá allí más noche [...] porque Dios el Señor los iluminará; y reinarán por los siglos de los siglos. (Ap. 22:5 RVR60)

Anita compartió su experiencia: "Estos cielos inmensos me conmueven hasta las lágrimas. Me recuerdan Su santidad, Su belleza y Su reino que viene."

El corredor central: el cielo toca la tierra

Conectando los niveles superior e inferior de tu casa de oración está una escalera central. Imagina este pasaje sagrado llamado "en la tierra como en el cielo". Desde aquí, una magnífica escalera doble se extiende hacia arriba y hacia abajo, simbolizando el flujo del amor y la gracia entre el cielo y nuestras vidas diarias.

Cada habitación de arriba —el nombre de Dios, Su reino y Su voluntad— tiene su reflejo abajo: nuestras necesidades, el perdón y la liberación. Esta simetría divina nos recuerda que todo lo bueno proviene del cielo y está destinado a impregnar nuestra realidad cotidiana.

> Toda buena dádiva y toda perfecta bendición descienden de lo alto, donde está el Padre que creó las lumbreras celestes. (Stg. 1:17)

Planta baja: gracia en la vida diaria

En el nivel inferior, la gracia celestial se encuentra con la realidad diaria: tu trabajo, tu familia, tus emociones. Es aquí donde se practica el perdón, se construye la confianza y la fe toca cada aspecto de la vida.

Debajo yace tu fundamento —quizá invisible, pero absolutamente esencial— construido sobre la Escritura, la confianza y la dependencia diaria de Dios.

> Somos hechura de Dios, creados en Cristo Jesús para buenas obras, las cuales Dios dispuso de antemano a fin de que las pongamos en práctica. (Ef. 2:10)

Santuario de gracia: una historia personal

Después de treinta años intensos de ministerio, mi esposa y yo tomamos un sabático muy necesario. Un viejo amigo, Adrián, nos ofreció su casa en Colorado. Era impresionante: dos pisos, una escalera espaciosa, vistas panorámicas a las montañas. No sabíamos entonces que esa casa sería un santuario para sueños y visiones renovadas. Fue allí donde Dios avivó en mi corazón el llamado para lanzar *Un milagro cada día* y me llevó a orar intensamente por un hombre llamado Juan Pablo y su esposa Daniela; oraciones que, con el tiempo, dieron origen al movimiento de medios Los Vigilantes, clave para traer *The Chosen* a países hispanos.

Claudia me dijo: "Visualizar esta casa espiritual dentro de mí lo cambió todo. Orar ya no es algo complicado; es simplemente atravesar esa puerta divina y subir la escalera hacia el cielo."

Aquella casa en Colorado fue un regalo increíble. Pero más valiosa aún es la casa que Dios continúa construyendo dentro de mí... un santuario del que brotan bendiciones: ideas, oraciones, avances. Y me pregunto: ¿qué sueños, oraciones y bendiciones podrían surgir desde tu propia casa espiritual de oración?

Pasos prácticos

- **Paso del día:** Comienza tus oraciones hoy entrando conscientemente por la puerta que es Jesús, diciendo: "Jesús, hoy entro plenamente en mi casa espiritual a través de ti."
- **Visualización espiritual:** Imagina claramente tu escalera interior. Mientras tus oraciones suben con confianza y amor, visualiza la gracia de Dios descendiendo hacia cada parte de tu vida.
- **Reflexión:** Haz una pausa para preguntarte con honestidad: ¿Hay alguna área de tu vida que aún no has entregado del todo a la presencia transformadora de Dios?

Oremos juntos

Padre celestial:

Gracias por edificar con amor esta casa sagrada dentro de mí.

Jesús, tú eres la puerta hacia una intimidad y un propósito más profundos. Llévame a tu presencia hoy.

Levanta mis ojos hacia el techo abierto, lleno de tu gloria y belleza. Que el amor y la gracia fluyan libremente entre el cielo y cada área de mi vida.

Espíritu Santo, fortalece mis cimientos, bendice cada habitación y revela con ternura lo que aún necesita tu toque. Transforma mi corazón en una casa vibrante de oración, una donde te encante habitar.

En el nombre de Jesús, amén.

¿Hacia dónde vamos desde aquí?

En el próximo capítulo, atravesaremos la primera habitación llena de luz bajo el techo abierto de la catedral: "Padre nuestro."

Es el lugar donde tu identidad divina se hace clara. ¿Estás listo para acercarte aún más al corazón del Padre?

Escucha más sobre este capítulo en el pódcast:

https://ericcelerier.net/podcast-es-8

Capítulo 9

La puerta del Padre

"Padre nuestro que estás en el cielo."

Mateo 6:9

Después de entrar en tu casa espiritual, haz una pausa y eleva tu mirada hacia lo más alto: el techo en forma de catedral que se abre directamente al cielo. Bajo este dosel divino, Jesús nos enseña a comenzar nuestra oración no centrándonos en nosotros mismos, sino volviendo nuestro corazón hacia lo alto: hacia Aquel que nos ama perfectamente: **nuestro Padre**.

La primera palabra que Jesús pone en nuestros labios no es una petición, sino una relación: Padre.

La oración comienza con el Padre

En el griego original, el Padre Nuestro comienza directamente con la palabra *Pater*: "Padre". Este enfoque intencional es fundamental: la oración no comienza con nuestras necesidades, preocupaciones o incluso con adoración, sino con el reconocimiento de quién es Él realmente.

Jesús sitúa la palabra "Padre" como la puerta de entrada a toda la oración, recordándonos que todo fluye desde la intimidad con Él.

Una relación revolucionaria

En la cultura de Jesús, ningún rabino se había atrevido a dirigirse a Dios con tanta cercanía. El término arameo que Él usó, *Abba*, no era formal; era profundamente íntimo, la palabra que un niño usaba para llamar a su papá. Antes de Jesús, jamás se había registrado que alguien se dirigiera a Dios con ese término.

Jesús rompió el molde. En los Evangelios, se refiere al Padre más de doscientas veces, enfatizando constantemente su cercanía.

> El Hijo no puede hacer nada por su propia cuenta, sino solamente lo que ve que su Padre hace. (Jn. 5:19)

> El Padre y yo somos uno. (Jn. 10:30)

> Créanme cuando digo que yo estoy en el Padre y que el Padre está en mí. (Jn. 14:11)

Incluso en la agonía profunda del Getsemaní, Jesús oró:

> *Abba*, Padre, todo es posible para ti. No me hagas beber este trago amargo; pero no sea lo que yo quiero, sino lo que quieres tú. (Mc. 14:36)

Sorprendentemente, el único momento en que Jesús no llamó "Padre" a Dios fue en la cruz:

> Dios mío, Dios mío, ¿por qué me has abandonado? (Mt. 27:46)

En ese instante, Jesús cargó con nuestros pecados y nuestra separación, para que nosotros pudiéramos experimentar eternamente la cercanía del Padre.

Adoptados a Su familia

Pablo lo explica con claridad:

> Ustedes ya son hijos. Dios ha enviado a nuestros corazones el Espíritu de su Hijo, que clama: "*¡Abba!* ¡Padre!" (Gl. 4:6)

> Ustedes no recibieron un espíritu que de nuevo los esclavice al miedo, sino el Espíritu que los adopta como hijos y les permite clamar: "*¡Abba!* ¡Padre!" (Ro. 8:15)

Por medio de Cristo, no solo somos perdonados; somos adoptados. Eso significa acceso total, herencia completa y pertenencia absoluta. Tu Padre no está lejos ni es indiferente; se deleita profundamente en ti.

Sanando la herida del padre

Para muchos, la palabra *padre* puede ser compleja o incluso dolorosa. Tal vez tu papá estuvo ausente, fue duro o distante, y eso ha afectado cómo ves a Dios.

Lucas compartió abiertamente:

> Cuando era niño, mi papá se fue. Lo respetaba, pero no estaba presente. Durante años proyecté esa ausencia sobre Dios. Me tomó una renovación espiritual completa comprender que mi Padre celestial nunca se va, me conoce y desea estar cerca. Hoy, me repito cada día: Dios es mi verdadero Padre, con mayúscula.

María José ofreció otra perspectiva:

> Hasta los dieciocho años, nunca llamé a nadie "papá". Veía a Dios como un juez distante, no como un padre. Pero durante un encuentro de oración, por fin clamé, y Su amor inundó mi corazón como nunca antes. Poco a poco, comencé a llamarlo "Papá" con paz.

En contraste, Marcos testificó que su padre terrenal, lleno de amor, fue un reflejo de la ternura de Dios:

> Tuve el privilegio de tener un padre paciente, gentil y presente. Su ejemplo me facilitó confiar en el amor de Dios, aunque también descubrí que incluso lo mejor de mi papá era solo una sombra del amor perfecto del Padre celestial.

Sea cual sea tu experiencia, los brazos de Dios están abiertos. Su amor es constante, paciente, sanador.

Descubriendo el lugar secreto

El Salmo 91:1 en la versión Reina-Valera dice:

> El que habita al abrigo del Altísimo
> morará bajo la sombra del Omnipotente.

Esa morada secreta es tu casa de oración: tu lugar de encuentro con el Padre. Es donde Su amor reemplaza tu temor y Su cercanía borra la vergüenza.

Pasos prácticos

- **Reflexiona con honestidad:** ¿Qué heridas o barreras podrían estar impidiéndote recibir plenamente el amor paternal de Dios? Escríbelas y preséntalas en oración.
- **Declaración personal:** Cada día, declara en voz alta: "Padre, hoy elijo confiar en tu amor perfecto por mí."
- **Visualización espiritual:** Imagina que te acercas a tu Padre celestial. Visualiza Su abrazo cálido, Su mirada acogedora y Su voz que te dice: "Eres mi hijo amado."

Oremos juntos

Abba, Padre:

Gracias por darme la bienvenida a tu familia. Gracias por adoptarme, elegirme y llamarme tu hijo amado.

Sana cualquier herida que aún dificulte mi confianza en tu amor. Reemplaza la ausencia o el dolor con la certeza de tu presencia constante y tu afecto perfecto. Haz que tu voz de amor sea más fuerte que cualquier miedo o inseguridad.

Déjame habitar en tu lugar secreto, bajo la sombra de tus alas. Que decirte "Padre" llene mi corazón de gozo, seguridad y asombro.

Hoy abrazo mi identidad como tu hijo, recibo tu abrazo perfecto y desde lo profundo de mi corazón te digo "Abba."

En el precioso nombre de Jesús, amén.

¿Y ahora qué?

Acabas de cruzar el umbral del corazón del Padre. Has aprendido a acercarte a Él no con miedo ni formalidad, sino con confianza… como un hijo que corre a los brazos de su Padre.

Escucha más sobre este capítulo en el pódcast:

https://ericcelerier.net /podcast-es-9

Ahora, el camino te lleva más lejos. Antes de cualquier petición, antes incluso de la adoración, Jesús nos enseña a comenzar nuestra oración con dos palabras sencillas: "Padre nuestro."

¿Y si esas palabras no fueran solo un inicio, sino una invitación? A la familia. A la unidad. A un amor que nos envuelve a todos.

En el próximo capítulo, tomamos nuestro lugar en la mesa familiar.

Capítulo 10

Invitados a la mesa de la familia

"Padre nuestro que estás en el cielo."

Mateo 6:9

Esta es la primera habitación en el piso superior de tu casa de oración, un espacio bajo el techo de catedral de la adoración divina.

Recordando la mesa familiar

Recuerdo claramente las cenas especiales de mi infancia: el aroma del pan recién horneado, las risas alrededor de la mesa familiar y una profunda sensación de pertenencia. Esos recuerdos preciosos me enseñaron que fuimos creados para vivir en comunidad. Aquellas cenas no eran solo comidas; formaban mi comprensión de la unidad, la identidad compartida y el amor; exactamente lo que Jesús transmite cuando nos enseña a orar "Padre nuestro".

Cuando Jesús enseñó estas palabras, no estaba dándonos una fórmula. Estaba invitándonos a una reunión eterna alrededor de la mesa de la gracia de Dios.

El poder del "nuestro"

¿Por qué Jesús nos enseñó a decir "Padre nuestro" y no "Padre mío"? Porque desde la primera palabra, Él nos incluye. No estaba solo revelando Su relación con Dios; nos estaba dando acceso a ella. "Nuestro" significa identidad compartida, herencia compartida, amor compartido.

Esta palabra sencilla pero profunda iguala completamente el terreno. Nos recuerda que Dios no pertenece exclusivamente a ninguna denominación, tradición ni nación. Él es el Padre de todos los que se acercan con humildad.

Rompiendo muros

En Lucas 18:9–14, Jesús cuenta una historia impactante sobre un fariseo y un recaudador de impuestos que fueron al templo a orar. El fariseo agradeció a Dios por no ser como los demás. El recaudador, por su parte, golpeó su pecho con humildad y dijo: "Dios, ten compasión de mí, que soy pecador." Fue este último quien regresó justificado.

Decir "Padre nuestro" nos mantiene con los pies en la tierra. No poseemos a Dios. No ganamos nuestro lugar. No somos mejores que nadie. Somos pecadores rescatados por la misma gracia.

Un encuentro sagrado en el Monte Athos

Hace algunos años visité el Monte Athos, un lugar profundamente tradicional en la fe ortodoxa. Como evangélico, al principio me resultaban ajenas las imágenes, el incienso y la repetición constante de "Kyrie Eleison." Pero durante una vigilia a la luz de las velas, sentí que Dios me susurraba con ternura: "Ellos también son mis hijos. Me llaman Padre, igual que tú."

Esa noche sentí el mismo calor, aceptación y pertenencia que había experimentado en la mesa familiar de mi infancia. A través de los siglos, creyentes de cada tradición —ortodoxos, católicos, protestantes— han levantado las mismas palabras hacia el cielo: "Padre nuestro." En ese momento sagrado, sentí el lazo irrompible que trasciende tradiciones y generaciones.

Pascuala, una madre católica cuya hija asiste a una iglesia evangélica, me compartió: "Lo que más me importa es nuestra relación con Dios; no nuestra etiqueta religiosa. 'Padre nuestro' es una oración de unidad. Me recuerda respetar y amar a los demás."

Una familia sin fronteras

Una vez estuve a la orilla del mar de Galilea, guiando al presidente de una nación y a su familia en un recorrido espiritual. En el mismo monte donde Jesús enseñó por primera vez el Padre Nuestro, recitamos juntos sus palabras. En ese instante, sentí a Dios sonriendo sobre Su familia: una familia sin fronteras, unida no por idioma, política ni teología, sino por el Espíritu.

Paul David Tripp lo expresa así:

> La iglesia no es un aula de teología. Es un centro de conversión, confesión, arrepentimiento, reconciliación, perdón y santificación, donde personas imperfectas ponen su fe en Cristo, se reúnen para conocerlo y amarlo más, y aprenden a amar a otros como Él diseñó.[1]

Orar con humildad y asombro

Dios escucha tus oraciones, pero también escucha las de aquellos que oran de forma diferente. Personas que hablan otros idiomas o vienen de tradiciones distintas; Dios los ama con la misma profundidad. Nadie tiene acceso exclusivo; todos están igualmente invitados.

Solo el Espíritu Santo nos enseña a decir verdaderamente "Abba"; no solo para nosotros mismos, sino para cada alma que el Padre llama suya.

Visto, conocido y amado

Aunque formas parte de una familia diversa y vasta, tu Padre celestial te conoce íntimamente. Reconoce tu voz. Atesora cada lágrima que derramas (ver Sal. 56:8). Te ama como si fueras la única persona en la tierra... y al mismo tiempo ama al mundo entero con igual intensidad. Ese es el hermoso misterio de nuestro Padre.

Jacobo añadió: "Participar en reuniones de oración internacionales me reveló la belleza y diversidad de la familia de Dios. Me llenó de humildad y gratitud."

Pasos prácticos para fomentar la unidad

- **Ora más allá de ti mismo:** Ora regularmente por creyentes de otras culturas, denominaciones y tradiciones.
- **Visualiza la mesa familiar:** Cuando ores, imagínate en la mesa de Dios, rodeado por una comunidad de fe diversa y maravillosa.
- **Pregunta para reflexionar:** ¿Qué acción concreta puedes tomar esta semana para fortalecer tu conexión con la familia más amplia de Dios?
- **Desafío introspectivo:** ¿Hay alguien que inconscientemente hayas excluido de la familia de Dios, en tus pensamientos, oraciones o actitudes?

Cada pequeño paso hacia la unidad te acerca al corazón del Padre, quien se deleita en la riqueza de Su familia.

Oremos juntos

Padre celestial:

Gracias por invitarme a tu mesa familiar. Gracias por ser no solo mi Padre, sino nuestro Padre. Gracias por escuchar cada voz, abrazar cada corazón y amar a todos con la misma ternura.

Derriba en mí todo muro de orgullo, prejuicio o autosuficiencia. Enséñame a celebrar las expresiones diversas de la fe, a buscar la verdadera unidad y a honrar tu imagen en cada creyente.

Haz que cada vez que diga "Padre nuestro" sea una declaración de pertenencia, no solo a ti, sino a tu hermosa familia alrededor del mundo. Construye en mi casa espiritual una habitación de unidad, humildad y amor.

En el precioso nombre de Jesús, amén.

¿Hacia dónde vamos desde aquí?

Ahora que nuestros corazones se han unido en torno a la mesa de la familia de Dios, levantemos la mirada aún más alto. En el próximo capítulo, exploraremos lo que significa que nuestro Padre reina en el cielo.

¿Estás listo para profundizar en el asombro y la intimidad con Él?

Escucha más sobre este capítulo en el pódcast:

https://ericcelerier.net/podcast-es-10

Capítulo 11

Padre nuestro que estás en los cielos

"Padre nuestro que estás en el cielo, santificado sea tu nombre."

Mateo 6:9

¿Alguna vez te has detenido realmente a considerar lo que significa que tu Padre esté en el cielo?

Ya hemos celebrado la cercanía de poder llamarle "Abba" y nos hemos regocijado al formar parte de Su familia global. Ahora, Jesús nos invita a levantar aún más nuestra mirada, hacia la realidad impresionante del cielo mismo.

Tus oraciones no son simples susurros privados; son encuentros dinámicos con el Creador que reina con amor desde el trono celestial.

Una perspectiva celestial

Cuando Jesús nos enseñó a orar "Padre nuestro que estás en el cielo", no estaba describiendo a un dios lejano o indiferente. Nos revelaba una verdad profunda: nuestro Padre amoroso también es el soberano del universo.

La palabra griega que Jesús usa para "cielo" —*ouranoîs*— está en plural, lo que abarca:

- El cielo azul sobre nosotros
- Los cielos estrellados del cosmos
- El tercer cielo: el reino invisible donde está el trono de Dios

> Al SEÑOR tu Dios pertenecen los cielos y lo más alto los cielos, la tierra y todo lo que hay en ella. (Dt. 10:14)

> ¿Será possible que tú, Dios mío, habites en la tierra? Si los cielos, por altos que sean, no pueden contenerte. (1 Re. 8:27)

Piensa en esto: el mismo Dios que creó galaxias intencionalmente formó y atesora tu vida.

Pablo nos anima a elevar la mirada:

> Ya que han resucitado con Cristo, busquen las cosas de arriba, donde está Cristo sentado a la derecha de Dios. (Col. 3:1)

Este Dios todopoderoso no está distante; está plenamente consciente de tus luchas, atento a tus oraciones y profundamente involucrado en cada detalle de tu vida.

Un encuentro personal bajo las estrellas

Hace algunos años, me encontraba bajo un cielo nocturno lleno de estrellas, en el aire frío de las montañas de Francia. Mirando hacia arriba, contemplando los incontables puntos brillantes, me sentí pequeño... y al mismo tiempo, profundamente conocido. En ese momento, el susurro de Dios llegó con claridad: "Yo creé todo esto... y también te creé a ti. Y te amo."

De inmediato, el cielo dejó de parecer lejano. Se volvió cercano. Personal.

Francisca reflexionó con gratitud: "Gracias, Abba Padre, por tu inmensidad... y por tu cuidado en cada mínimo detalle de la creación."

El cielo se encuentra con tu vida cotidiana

Cuando Pablo describe a alguien siendo "arrebatado hasta al tercer cielo" (2 Co. 12:2 RVR60), enfatiza que el cielo no es solo un lugar "allá arriba"; es una dimensión que se cruza con nuestra vida diaria a través de la oración. En este preciso momento tienes acceso directo a los recursos infinitos del cielo:

- **Paz** en medio del conflicto
- **Sabiduría** en la confusión
- **Fuerza** en la debilidad
- **Provisión** divina en la necesidad

Dios trasciende lo inmensamente grande y lo profundamente pequeño. Sostiene las galaxias en Sus manos... y se acerca a los quebrantados de corazón (ver Sal. 34:18).

> Los cielos cuentan la gloria de Dios;
> la expansion proclama la obra de sus manos. (Sal. 19:1)

Santiago descubrió: "Comprender que mis oraciones llegan al cielo me enseñó a orar con más valentía. Ahora me acerco a mi Padre con confianza, sabiendo que es más grande que todos mis problemas."

Pasos prácticos para levantar tu mirada

- **Visualización sencilla:** Imagina tus oraciones elevándose directamente al cielo, alcanzando a tu Padre atento y amoroso.
- **Recordatorio celestial:** Durante el día, susurra: "Mi Padre que está en el cielo me ve, me escucha y cuida de mí ahora mismo."

Pregunta para reflexionar

- ¿Cómo cambiaría tu vida diaria si realmente creyeras que tu Padre celestial vela por cada momento?

Oremos juntos

Padre celestial:

Creador de galaxias y, al mismo tiempo, Padre tierno de mi corazón, levanto mis ojos hacia ti.

Los cielos estrellados fueron la primera catedral de la humanidad, enseñándonos reverencia y asombro. Mientras oro, el cielo no permanece distante; llena mi corazón con tu presencia.

Bajo tus vastos cielos, encuentro refugio bajo tu reinado de amor. Hoy, ayúdame a abrir plenamente mi corazón a tu perspectiva celestial.

Transforma mis preocupaciones en adoración, mis temores en fe, y cada desafío en una oportunidad para tu gracia.

Acércame más cada día, hasta que la luz del cielo ilumine cada rincón de mi vida.

En el nombre poderoso e íntimo de Jesús, amén.

¿Hacia dónde vamos desde aquí?

Ahora que nuestro corazón está firmemente anclado en el cielo, estamos listos para avanzar y honrar Su santo nombre con reverencia.

En el próximo capítulo, profundizaremos en la maravilla y belleza de declarar: "Santificado sea tu nombre."

¿Estás listo para adentrarte aún más en Su presencia sagrada?

Escucha más sobre este capítulo en el pódcast:

https://ericcelerier.net/podcast-es-11

Capítulo 12

Tierra santa

"Santificado sea tu nombre."

Mateo 6:9

Ahora entramos en la primera habitación sagrada del piso superior de nuestra casa espiritual: una sala dedicada plenamente a la realidad del cielo. Aquí no se necesitan ventanas, porque la presencia del Padre ilumina cada rincón.

Comprendiendo la santidad

En el griego original, la palabra traducida como "santificado" es *hagiasthētō*, que significa "ser apartado como santo". De hecho, en el texto original, la palabra "santo" aparece primero para dar énfasis. Cuando decimos "Santificado sea tu nombre", no estamos pidiendo que Dios se vuelva santo; Él ya lo es, infinitamente. Más bien, estamos orando para que Su santidad sea reconocida, honrada y revelada claramente en la tierra, así como lo es en el cielo.

Esta distinción es fundamental. No estamos orando para que Dios cambie, sino para que nosotros y el mundo que nos rodea se alineen con Su naturaleza santa.

El velo rasgado: acceso concedido

En el templo de Jerusalén, una cortina pesada separaba el Lugar Santísimo del resto del pueblo. Solo el sumo sacerdote podía entrar una vez al año; y, aun así, solo después de cumplir rituales muy específicos. Pero cuando Jesús murió, algo extraordinario sucedió:

> La cortina del santuario del Templo se rasgó en dos,
> de arriba abajo. (Mc. 15:38)

El rasgado fue de arriba hacia abajo, señal de que fue obra de Dios. A través de Cristo, cada creyente ahora disfruta de acceso directo y continuo a la presencia santa de Dios.

> Así que, hermanos, mediante la sangre de Jesús, tenemos confianza para entrar en el Lugar Santísimo [...] Acerquémonos, pues, a Dios con corazón sincero. (Heb. 10:19, 22)

Fuego santo que purifica

La santidad de Dios se representa a menudo como fuego... pero no es un fuego destructivo; es un fuego que purifica.

> Nuestro Dios es fuego consumidor. (Heb. 12:29 RVR60)

Su santidad quema las impurezas, dejando nuestros corazones limpios y encendidos por Su presencia.

Simón compartió: "El fuego santo de Dios no quema a sus hijos... quema suavemente todo lo que el enemigo ha dejado. Ahora me acerco a Dios libremente, sabiendo que he sido hecho santo por Jesús."

Únete al coro celestial

En este mismo momento, los ángeles proclaman en el cielo:

> Santo, santo, santo
> es el Señor Dios Todopoderoso,
> el que era y que es y que ha de venir. (Ap. 4:8)

Cuando oras "Santificado sea tu nombre", te unes a esta canción eterna, declarando Su amor perfecto, Su pureza, Su misericordia y Su compasión.

Un encuentro personal con la santidad

Una mañana tranquila, mientras la luz suave llenaba la habitación donde oraba, sentí la santidad de Dios rodeándome. No fue abrumadora ni intimidante, sino profundamente reconfortante. Fue como si Dios mismo entrara suavemente en ese espacio, envolviéndome con paz. Desde ese día, una conciencia más clara de Su santidad comenzó a moldear mis pensamientos y mis oraciones.

Pascuala lo expresó así: "Aun cuando mi vida está desordenada, la santidad de Dios me invita a acercarme. Él me encuentra justo en mi quebranto, no en mi perfección."

Pasos prácticos hacia la santidad

- **Haz una pausa sagrada:** Haz una pausa ahora mismo. Respira profundo. Reconoce que estás en la presencia de un Dios santo.
- **Di el canto de los ángeles:** "Santo, santo, santo es el Señor Dios Todopoderoso." Siente cómo te unes a la adoración eterna del cielo.
- **Invita Su fuego purificador:** Pídele a Dios en silencio que purifique tu corazón y tus pensamientos con Su fuego santo.

Preguntas para reflexionar

- ¿Cómo cambiarían tus decisiones e interacciones si vivieras cada momento consciente de la presencia santa de Dios?
- ¿Qué área específica de tu casa espiritual necesita más urgentemente el toque de Su santidad hoy?

Imagina y visualiza

Visualiza tu corazón como un templo lleno de la fragancia suave de Su presencia, como lo vieron Isaías y Juan en sus visiones celestiales. Permite que Su santidad te atraiga; no por miedo, sino con asombro gozoso.

Oremos juntos

Padre Santo:

Gracias por quitar toda barrera y darme acceso a tu presencia santa.

Hoy estoy en tierra sagrada, recibido plenamente por tu gracia.

Deja que tu santidad limpie suavemente mi corazón, ilumine lo que está oculto, caliente lo que se ha enfriado, y dé vida donde algo se ha apagado.

Haz que cada habitación de mi corazón repita la alabanza del cielo: "Santo, santo, santo es el Señor Dios Todopoderoso." Moldea mi vida cada día para reflejar tu santidad; no por temor, sino por amor profundo y gratitud.

En el nombre santo de Jesús, amén.

¿Hacia dónde vamos desde aquí?

Ahora que hemos estado en tierra santa y hemos contemplado la santidad de Dios, es hora de detenernos y honrar algo aún más profundo: Su nombre.

En el próximo capítulo, entraremos en una habitación llena de reverencia, donde cada palabra respira adoración: el Nombre sagrado.

Escucha más sobre este capítulo en el pódcast:

https://ericcelerier.net /podcast-es-12

Capítulo 13

El Nombre sagrado

"Santificado sea tu nombre."

Mateo 6:9

Ahora nos adentramos más profundamente en el piso superior de nuestra casa espiritual. Aquí, cada habitación irradia la luz suave pero poderosa de la presencia de Dios. No se necesitan ventanas, porque Su gloria lo llena todo. En este lugar sagrado, nos detenemos para honrar Su nombre: el punto de partida de toda oración auténtica.

El peso y la maravilla del nombre

En la tradición hebrea, el nombre de Dios —YHWH, el Tetragrámaton sagrado— era tan reverenciado que los escribas se lavaban las manos e incluso cambiaban de pluma antes de escribirlo. Evitaban pronunciarlo en voz alta, sustituyéndolo por títulos como Adonai (Señor).

Y sin embargo, Jesús nos invita a llamar a ese mismo Dios "Abba" —Padre, incluso Papito— y así nos abre la puerta a una intimidad extraordinaria.

Cuando oramos "Santificado sea tu nombre", no estamos pidiendo que Dios se vuelva santo. Su nombre ya es infinitamente santo. Más bien, estamos pidiendo que Su santidad sea reconocida, honrada y manifestada en la tierra, así como lo es en el cielo.

Marcados por Su nombre

A lo largo de la Escritura, el nombre de Dios transforma identidades y destinos. Abram se convirtió en Abraham cuando Dios le "insufló" parte de Su propio nombre; Sarai se convirtió en Sara (ver Gn. 17:5, 15). Estos no fueron simples cambios formales; fueron actos divinos.

Del mismo modo, Su nombre santo está escrito en tu corazón. Su aliento —el Espíritu Santo— te marca profundamente y te transforma con propósito eterno.

> En ningún otro hay salvación, porque no hay otro nombre bajo el cielo dado a los hombres mediante el cual podamos ser salvos. (Hch. 4:12)

La belleza y riqueza del nombre de Dios

La Biblia está llena de nombres que revelan la profundidad del carácter de Dios:

- **Elohim:** creador de todo
- **Yahvé:** el gran "Yo Soy"
- **El Shaddai:** Dios todopoderoso
- **Jehová Jireh:** nuestro proveedor

- **Jehová Rapha:** nuestro sanador
- **Jehová Nissi:** nuestra bandera
- **Jehová Shalom:** nuestra paz
- **Jehová Rohi:** nuestro pastor
- **Jehová Tsidkenu:** nuestra justicia

Más de cien nombres y títulos llenan las Escrituras, cada uno invitándonos a conocer a Dios más íntimamente en Su majestad, cercanía y amor.

Declaración de Su nombre

Unámonos al cielo y declaremos con gozo:

¡Tu nombre es grande!
¡Tu nombre es glorioso!
¡Tu nombre es perfecto!
¡Tu nombre es maravilloso!
¡Tu nombre es incomparable!
¡Tu nombre es fuego que purifica, roca que sostiene y río que renueva!
¡Tu nombre merece toda alabanza!
¡Tu nombre resuena en toda nación, en todo idioma, en toda generación!

En todas partes—del oriente al occidente—,
alaben el nombre del SEÑOR. (Sal. 113:3 NTV)

Reflexión personal: Su nombre en mi corazón

Recuerdo vívidamente un momento especial en Jerusalén, arrodillado en la Tumba del Jardín. Sentía la piedra fría bajo mis rodillas y el susurro del viento entre los olivos. En ese lugar santo, sentí el nombre de Dios profundamente grabado en mi corazón, trayendo una paz y claridad extraordinarias.

Ana María me dijo una vez: "Incluso cuando mi mente no alcanza a comprender la inmensidad de YHWH, ordeno a mi alma que lo alabe y lo glorifique. Su santidad convierte mi corazón en un lugar sagrado de encuentro."

Pasos prácticos para honrar Su nombre

- **Susurra Su nombre con reverencia:** Detente y di suavemente: "Santo, santo, santo es el Señor Dios Todopoderoso." Que este acto te recuerde Su cercanía y grandeza.
- **Medita en Sus nombres:** Hoy elige uno de los nombres de Dios (por ejemplo, Jehová Jireh) y reflexiona en él durante todo el día.
- **Bendice Su nombre:** Haz pausas a lo largo del día para decir: "Bendice, alma mía, a Jehová, y bendiga todo mi ser su santo nombre." (Sal 103:1 RVR60)

Preguntas para reflexionar

- ¿Cómo cambiarían tus oraciones si comprendieras verdaderamente la santidad y el poder del nombre de Dios?
- ¿En qué área de tu vida necesitas más honrar Su nombre hoy?

Oremos juntos

Padre santo:

Gracias por el privilegio de invocar tu nombre sagrado. Desde Abraham hasta hoy, tu nombre ha transformado vidas, revelado destinos y demostrado tu fidelidad eterna.

Escribe tu nombre profundamente en mi corazón. Guía mis pensamientos, palabras y acciones. Ayúdame a vivir una vida que refleje tu santidad, tu compasión y tu majestad.

Haz de mi casa de oración un altar donde tu nombre sea celebrado desde el amanecer hasta el anochecer. Llena mi alma del asombro que hace que ángeles y santos exclamen: "Santo, santo, santo es el Señor Dios Todopoderoso, el que era, el que es y el que ha de venir."

Hoy elijo exaltar tu nombre por encima de todo. Creo que todo lo que pido en tu nombre lleva la autoridad del cielo, tal como Jesús prometió.

Tú eres el Alfa y la Omega, el Principio y el Fin, Padre eterno y Príncipe de paz.

Te honro. Te bendigo. Magnifico tu santo nombre.

En el nombre santo, poderoso y glorioso de Jesús, amén.

¿Hacia dónde vamos desde aquí?

Habiendo abrazado la santidad del nombre de Dios, ahora nos preparamos para recibir la plenitud de Su reino.

¿Estás listo para dar la bienvenida a Su reinado más profundamente en tu casa espiritual?

Escucha más sobre este capítulo en el pódcast:

https://ericcelerier.net/podcast-es-13

Capítulo 14

Venga tu reino

"Venga tu reino."

Mateo 6:10

Ahora entramos en la sala central del piso superior de nuestra casa de oración. Su posición es intencional, ya que el reino de Dios ocupa un lugar central tanto en la Biblia como en nuestro caminar espiritual. Aquí, conscientemente invitamos y anhelamos la plenitud del reino de Dios en cada área de nuestra vida.

El latido de la misión de Jesús

El reino fue el corazón del mensaje de Jesús. Se menciona más de cien veces en los Evangelios; mucho más que la palabra *iglesia*. Aunque la iglesia es vital, descrita como "columna y fundamento de la verdad" (1 Ti. 3:15), el reino es aún mayor. Representa el reinado perfecto de Dios, lleno de justicia, misericordia, sanidad y restauración.

Este reino no es una esperanza distante. Está aquí y ahora: dondequiera que el amor de Dios transforma la oscuridad en luz, la desesperación en esperanza, el caos en paz.

Jesús dijo:

> Busquen primeramente el reino de Dios y su justicia, entonces todas estas cosas les serán añadidas. (Mt. 6:33)

Una historia real de realeza

Desde el principio, la humanidad recibió el mandato de gobernar la creación (ver Gn. 1:28), reflejando el gobierno de Dios en la tierra. El pecado interrumpió ese diseño, pero la misericordia de Dios persistió.

Al principio, Israel no tenía rey y era guiado por jueces. Pero sin liderazgo claro, "cada uno hacía lo que bien le parecía" (Jue. 17:6 RVR60). Finalmente, Dios levantó a David —un rey conforme a Su corazón— como una sombra profética del Rey verdadero y eterno: Jesús.

El ángel Gabriel le dijo a María:

> El Señor Dios le dará el trono de su padre David y reinará sobre el pueblo de Jacob para siempre. Su reinado no tendrá fin. (Lc. 1:32–33)

Y Apocalipsis confirma que, un día, toda la tierra proclamará:

> El reino del mundo ha pasado a ser de nuestro Señor
> y de su Cristo,
> y él reinará por los siglos de los siglos. (11:15)

¡Jesús es Rey! Él es el Rey de reyes.

La lucha y la rendición: un punto de inflexión personal

El 17 de junio de 2018, mi esposa Muriel y yo estábamos en un tren abarrotado en Francia durante una huelga nacional de transporte. Llevábamos meses preguntándonos: ¿De verdad estamos construyendo el reino de Dios, o el nuestro?

Para obtener claridad, le propuse a Muriel un ejercicio poco convencional: solemos dar consejos a otros, ¿por qué no nos asesorábamos a nosotros mismos? "¿Qué le diríamos a una pareja llamada Éric y Muriel Célérier?", pregunté.

Mientras Muriel tomaba notas, sentimos una presencia clara de Dios en ese vagón. El Espíritu Santo nos habló: "Entréguenmelo todo. Pasen el testigo a otros. Si se aferran a lo que tienen, solo podré añadir. Pero si me lo entregan, lo multiplicaré... no para su gloria, sino para mi reino."

Dios incluso me dio una fórmula clara de multiplicación:

> Lo que entregas × fe × humildad × empoderar a otros = multiplicación exponencial para mi reino.
>
> Lo que retienes = adición para ti mismo.

Elegimos rendirnos. No fue fácil... fue doloroso. Pasamos meses de duelo, cuestionamientos profundos y vaciamiento interior. Pero a través de esa entrega, comenzó a desplegarse algo sorprendente: nuevos horizontes, puertas inesperadas, y una aceleración divina para Su reino como nunca antes habíamos visto.

Este libro es fruto de esa rendición. Nunca imaginé ser publicado en inglés o en español. Y sin embargo, aquí estás tú, leyendo estas palabras: otro testimonio hermoso de cómo la entrega desata la multiplicación celestial. Tampoco imaginé convertirme en embajador global de *The Chosen*, siendo testigo directo de una multiplicación genuina para el reino de Dios.

Llevar la presencia de Dios a cada área de tu vida

Imagina cada área de tu vida como una habitación que necesita el reinado amoroso del Rey:

- **Familia y relaciones:** Practica el perdón, la paciencia, la ternura.
- **Trabajo y ambiciones:** Sirve con integridad, compasión y excelencia.
- **Finanzas y administración:** Usa tus recursos con sabiduría y generosidad.
- **Salud emocional y mental:** Convierte la ansiedad en oración; confía en Su paz.
- **Sueños y deseos:** Rinde tus planes para alinearlos con Su propósito eterno.

Como Marta expresó: "Que Su reino venga realmente dentro de mí, irradiando a través de mí, para bendecir a cada persona que Él pone en mi camino."

Pasos prácticos para abrazar Su reino

- **Invitación del día:** Identifica un área de tu vida donde aún retienes el control. Ríndela hoy mismo al Rey Jesús en oración.
- **Reflexión y realineación:** Antes de dormir, pregúntate: "¿Viví hoy buscando primero el reino?"

Pregunta para reflexionar

- ¿Qué "reino personal" —qué sueño, temor o ambición— necesitas entregar hoy para que Su reino reine más plenamente?

Oremos juntos

Padre celestial:

Hoy te invito con gozo a que tu reino venga a cada habitación de mi casa espiritual. Transforma mi corazón, guía mis decisiones y forma cada relación conforme a tu reinado perfecto y amoroso.

Derriba cada pequeño reino que he construido para mí. Reemplázalo con tu glorioso reino de luz, amor, paz y verdad.

Ayúdame a rendirme cada día, intercambiando mis planes por tus propósitos eternos. Orar "venga tu reino" es rendir el reino del yo y entronizar solo a Cristo. Solo los corazones que reflejan el corazón del Rey pueden llevar verdaderamente Su reino al mundo.

Haz de mi vida una casa vibrante de oración, llena constantemente de tu presencia y paz. Cada vez que tu reino avanza dentro de mí, el reino de las tinieblas retrocede.

Tú eres el Rey de reyes, y tu reino no tendrá fin. Ven y reina plenamente en mí.

En el nombre poderoso y compasivo de Jesús, amén.

¿Hacia dónde vamos desde aquí?

Con el corazón totalmente rendido a Su reino, ahora estamos listos para caminar hacia la siguiente sala: "Hágase tu voluntad."

¿Estás listo para alinear tus sueños y decisiones con Su voluntad perfecta?

Escucha más sobre este capítulo en el pódcast:

https://ericcelerier.net/podcast-es-14

Capítulo 15

Hágase tu voluntad

"Hágase tu voluntad."

Mateo 6:10

Después de haber honrado el nombre santo de Dios y de haber dado la bienvenida a Su reino, ahora entramos en la tercera habitación del piso superior de nuestra casa de oración: una sala dedicada totalmente a rendir nuestra vida a la voluntad perfecta de Dios.

Abrazando la autoridad perfecta de Dios

La Biblia comienza con una sencillez poderosa:

> En el principio creó Dios los cielos y la tierra. (Gn. 1:1 RVR60)

En hebreo, la palabra usada para Dios es **Elohim**, una forma plural que indica majestad y, como muchos cristianos creen, apunta a la Trinidad: Padre, Hijo y Espíritu Santo. Desde el primer versículo, vemos la voluntad de Dios expresándose con claridad: Él habla, y la creación obedece.

> Y dijo Dios: "¡Que exista la luz!". Y la luz llegó a existir. (Gn. 1:3)

Cuando oramos "Hágase tu voluntad", nos alineamos con este Dios soberano y creativo, que trae orden y belleza desde el caos. Su voluntad no es una carga; es el diseño gozoso de un Padre amoroso.

Como dijo Corina: "Aun en momentos dolorosos, cuando me rendí a la nueva dirección de Dios, luego comprendí que era exactamente lo correcto, aunque doliera."

Un puente entre el cielo y la tierra

Dios creó la tierra para reflejar la armonía del cielo. La humanidad, formada del polvo pero animada por el Espíritu de Dios, fue diseñada para vivir bajo Su voluntad amorosa. La obediencia no fue pensada como esclavitud, sino como la vía hacia la libertad y la intimidad.

La desobediencia de Adán rompió esa unidad. Por eso, cada vez que oramos "Hágase tu voluntad, en la tierra como en el cielo", estamos pidiendo que Dios restaure esa relación y traiga Su orden perfecto a nuestra vida.

La caída vino por desobediencia; la restauración viene por obediencia.

Discernir y abrazar Su voluntad

Dios revela Su voluntad principalmente por dos caminos complementarios:

- **Logos:** Su Palabra eterna e inmutable: Jesús mismo y las Escrituras.
- **Rhema:** Su palabra viva y oportuna: dirección específica del Espíritu Santo.

Por ejemplo, el **Logos** nos da una guía general:

> Ama a tu prójimo como a ti mismo. (Mt. 22:39)

Pero el **Rhema** lo aplica en lo cotidiano:

> *Hoy, ama con paciencia a ese compañero difícil.*

Pablo nos recuerda:

> No se amolden al mundo actual, sino sean transformados mediante la renovación de su mente. Así podrán comprobar cuál es la voluntad de Dios: buena, agradable y perfecta. (Ro. 12:2)

Anita lo expresó así: "A través de Su Espíritu y pequeños detalles, Dios me susurra que está cerca y que Su voluntad siempre está llena de ternura."

El **Logos** revela verdades eternas; el **Rhema** ilumina cómo vivirlas día a día. Nunca contradice la Palabra, sino que la hace viva en el momento preciso.

Mi camino personal de rendición

Hace algunos años, caminando en las montañas tranquilas de Colorado, sentí al Espíritu Santo susurrar: "Escribe la visión."

Escribir no era parte de mis planes. Pero rendirme a esa palabra Rhema abrió puertas que nunca hubiera imaginado: devocionales que tocaron vidas en muchos países, y ahora este libro: un testimonio vivo de lo que ocurre cuando decimos: "Hágase tu voluntad."

Luzmila compartió algo similar: "Oré por una promoción durante años. En vez de eso, perdí el empleo. Pero Dios me llevó a un lugar mucho mejor, más allá de lo que podía soñar."

La batalla entre reinos

Orar "Hágase tu voluntad" es declarar la guerra al reino del ego y al reino de las tinieblas. La rebelión de Lucifer fue el primer acto de desobediencia en el cielo. Cada acto tuyo de obediencia acerca el cielo a la tierra.

Elegir la voluntad de Dios suele implicar una lucha interna: lágrimas, dudas, incluso duelo. Pero cada rendición, aunque cueste, transforma y libera.

Cada vez que eliges rendición sobre el control, humildad sobre orgullo, confianza sobre miedo, el cielo avanza dentro de ti.

Pasos prácticos para abrazar Su voluntad

- **Acto de confianza del día:** Piensa en un área donde te cuesta confiar en la voluntad de Dios. Hoy mismo, entrégasela con fe.
- **Reflexión Logos y Rhema:** Elige un versículo hoy. Pídele a Dios que lo ilumine con un Rhema personal para tu situación.

Pregunta para reflexionar

- ¿Dónde te está invitando Dios hoy a confiar más profundamente en Su voluntad, y cómo se vería una verdadera rendición ahí?

Oremos juntos

Padre celestial:

Hoy dejo a tus pies mis ambiciones, mis temores y mis planes. Elijo tu voluntad por encima de la mía.

Desmantela suavemente los reinos pequeños que he construido para mí. Reemplázalos con tu reino glorioso.

Renueva mi mente por medio de tu Palabra eterna (Logos). Guía mis pasos con tu palabra viva (Rhema). Convierte mi casa de oración en un santuario donde tu voluntad se cumpla con alegría.

Dame valentía y fuerza para obedecer, aun cuando cueste. Confío plenamente en que tu voluntad siempre es mejor, más sabia y está llena de amor.

Como dijo Jesús: "Aquí me tienes [...] he venido, oh Dios, para hacer tu voluntad" (Heb. 10:7).

En el poderoso y compasivo nombre de Jesús, amén.

¿Hacia dónde vamos desde aquí?

Tras habernos rendido plenamente a la voluntad perfecta del Padre, ahora llegamos al umbral sagrado que conecta el cielo con la tierra.

Escucha más sobre este capítulo en el pódcast:

https://ericcelerier.net/podcast-es-15

En el próximo capítulo, nos detendremos en la escalera espiritual: el lugar donde el cielo empieza a descender directamente sobre nuestra vida diaria. Aquí, nuestra oración se desplaza del reino de Dios hacia nuestras necesidades concretas.

¿Estás listo para recibir todo lo que el cielo desea derramar sobre tu vida hoy?

Reflexión y oración

Reflexión y oración

Parte 3

DONDE EL CIELO TOCA LA TIERRA

Capítulo 16

En la tierra como en el cielo

"En la tierra como en el cielo."

Mateo 6:10

Después de haber recorrido por completo el "piso superior" de nuestra casa espiritual —la intimidad con Abba, la reverencia a Su nombre, la venida de Su reino y la entrega a Su voluntad perfecta— ahora descendemos por una escalera sagrada. Esta escalera simboliza el corazón del Padre Nuestro: el misterio profundo donde el cielo toca la tierra.

Cuando Muriel y yo entregamos completamente nuestras vidas a la voluntad de Dios —cediendo nuestro ministerio, influencia e incluso nuestros sueños— experimentamos de primera mano lo que significa que el cielo descienda. Esa rendición abrió compuertas que ni siquiera sabíamos que existían, desatando una abundancia que nunca habríamos imaginado. Fue exactamente ese tipo de momento sagrado que describe Jesús: cuando el cielo irrumpe visiblemente en lo cotidiano.

El cielo desciende: más que una oración

En el griego original, las tres primeras peticiones del Padre Nuestro forman un ritmo precioso:

- *Hagiasthētō to onoma sou* (Santificado sea tu nombre)
- *Elthētō hē basileia sou* (Venga tu reino)
- *Genēthētō to thelēma sou* (Hágase tu voluntad)

Cada frase pone énfasis en el *sou* —"tu"— acumulando un impulso que culmina en esta frase clave:

- *Hōs en ouranō kai epi tēs gēs* (En la tierra como en el cielo)

Esta estructura poética nos revela algo poderoso: "En la tierra como en el cielo" no se refiere solamente a la voluntad de Dios; también aplica a Su nombre y a Su reino. Toda la parte superior del Padre Nuestro se orienta hacia esta realidad: que lo celestial sea vivido aquí, en lo concreto.

La oración, entonces, no es solo elevar peticiones al cielo; es abrir el corazón y la vida para que el cielo fluya hacia abajo.

El cielo cotidiano

Imagina una relación difícil. Nuestra tendencia humana es reaccionar con orgullo o resentimiento. Pero cuando el cielo desciende, el orgullo se convierte en humildad, el resentimiento en perdón, y el amor de Dios reconfigura nuestras reacciones.

Piensa en tu trabajo: deja de ser solo un conjunto de tareas y se convierte en una misión donde la creatividad, integridad y sabiduría celestial pueden florecer e inspirar.

Pascuala compartió: "La verdadera revelación no es tratar de alcanzar el cielo, sino invitarlo a la tierra a través de nuestras vidas. Es increíble que Dios quiera asociarse con nosotros de esta forma."

Un encuentro personal: HelloBible y el toque del cielo

Recientemente, mientras desarrollábamos la aplicación HelloBible, me sentía abrumado por su complejidad. Una noche, lleno de frustración, el Espíritu Santo me susurró: "Éric, no estás construyendo esto solo. Invita al cielo en cada decisión, en cada línea de código, en cada funcionalidad."

Esa noche, mi escritorio se convirtió en un lugar santo: las soluciones comenzaron a fluir, la creatividad se liberó y la claridad iluminó cada paso. Fue un recordatorio inolvidable: cuando intencionalmente invitamos al cielo, incluso los espacios más comunes se vuelven sagrados.

Pasos prácticos para acercar el cielo

- **Invitación del día:** Detente y reflexiona: ¿Qué área de tu vida se siente desconectada de la paz del cielo? Invita la presencia de Dios a esa situación específica.

- **Acción sencilla:** En tu próxima conversación, procura reflejar la bondad, la paciencia o la verdad del cielo.

Pregunta para reflexionar

- Si realmente creyeras que las realidades del cielo están disponibles ahora mismo, ¿qué harías de manera diferente hoy?

Oremos juntos

Padre celestial:

Gracias porque el cielo no es distante ni inaccesible. Hoy abro intencionalmente cada área de mi vida a ti. Reemplaza mi ansiedad con tu paz. Guía mi confusión con tu sabiduría. Deja que tu amor divino moldee cada interacción.

Transforma mi vida en un puente visible entre el cielo y la tierra. Haz de mi hogar un santuario, de mi trabajo un campo de misión, y de mi corazón un altar de tu presencia. Quiero que mi vida cotidiana muestre al mundo que el cielo ya está irrumpiendo, aquí y ahora.

En el nombre poderoso de Jesús, amén.

¿Y ahora qué?

Acabas de orar una de las frases más audaces de toda la Escritura: "Hágase tu voluntad, así en la tierra como en el cielo."

Escucha más sobre este capítulo en el pódcast:

https://ericcelerier.net/podcast-es-16

No es solo una expresión poética. Es un llamado a rendirte —tus planes, tu ritmo, tus expectativas— para que la voluntad de Dios, y no la tuya, sea el centro.

Pero ¿cómo vivir esa realidad? ¿Cómo llevar el cielo a tu familia, a tu trabajo, a tus silencios?

Antes de pedir, necesitamos permanecer.

En el próximo capítulo, subiremos una vez más... hacia ese lugar donde la adoración se vuelve atmósfera y la presencia de Dios reordena todo.

Capítulo 17

Así en el cielo

"En la tierra como en el cielo."

Mateo 6:10

Después de haber ascendido por los pisos superiores de nuestra casa espiritual —donde experimentamos la intimidad con Abba, honramos Su nombre, dimos la bienvenida a Su reino y nos rendimos a Su voluntad perfecta— ahora entramos en el pasillo sagrado donde el cielo toca la tierra. Esto no es solo una transición; es el corazón del Padre Nuestro, donde el cielo desciende para encontrarse con la vida diaria.

Pero seamos honestos. No siempre es fácil experimentar la realidad del cielo aquí en la tierra. A veces parece inalcanzable. Sin embargo, Jesús nos enseñó esta oración precisamente porque sabía que nos costaría conectar estos dos mundos.

El cielo primero, la tierra después

El griego original resalta el cielo como prioridad: *Hōs en ouranō kai epi tēs gēss*, que significa, literalmente: "así como en el cielo, también en la tierra."

Desde el primer versículo de la Biblia, se establece esta prioridad: "En el principio Dios creó los cielos y la tierra" (Gn. 1:1). El diseño de Dios es claro: lo que se establece arriba está destinado a fluir hacia abajo.

Jesús lo reafirma:

> Busquen primeramente el reino de Dios y su justicia, entonces todas estas cosas les serán añadidas. (Mt. 6:33)

Nuestras oraciones no son solo gritos hacia arriba. Son invitaciones valientes para que las bendiciones del cielo se derramen hacia abajo sobre nuestra vida cotidiana.

La escalera de Jacob: la puerta del cielo

En Betel, Jacob soñó con una escalera que conectaba el cielo con la tierra, por la que subían y bajaban ángeles (Gn. 28:10–17). Al despertar, exclamó con asombro:

> Sin duda, el SEÑOR está en este lugar [...] ¡Qué asombroso es este lugar! ¡Es nada menos que la casa de Dios y la puerta del cielo! (vv. 16–17)

Ese sueño apuntaba proféticamente a Jesús:

> De cierto, de cierto os digo: De aquí en adelante veréis el cielo abierto, y a los ángeles de Dios que suben y descienden sobre el Hijo del Hombre. (Jn. 1:51 RVR60)

A través de Cristo, tu corazón se convierte en un Betel viviente: una puerta donde el cielo fluye hacia la tierra.

Declaralo sobre tu vida:

Esta es la casa de Dios; esta es la puerta del cielo.

La bendición de Melquisedec: provisión celestial

En Israel, Muriel y yo visitamos un sitio arqueológico vinculado con Melquisedec, rey y sacerdote de Salem. Mucho antes del templo de Salomón, allí se pronunciaban bendiciones y el cielo derramaba provisión.

Melquisedec bendijo a Abram con estas palabras:

> Bendito sea Abram del Dios Altísimo, creador de los cielos y de la tierra. (Gn. 14:19 RVR60)

Abram respondió con una ofrenda, reconociendo la prioridad del cielo sobre sus posesiones. El cielo primero: la bendición sobre la tierra después.

Pascuala compartió: "Cuando me doy cuenta de que el reino de los cielos está dentro de mí, mi casa se convierte en una puerta del cielo: un lugar donde descienden bendiciones y se irradian hacia afuera."

Vivir con prioridades celestiales

Cuando el cielo desciende:

- En las relaciones, el perdón reemplaza al rencor.
- En el trabajo, la creatividad y la integridad florecen.
- En las emociones, la paz vence la ansiedad.
- En las finanzas, la generosidad vence al temor.

A. W. Tozer entendió este principio, y lo expresó así:

> Cuando Dios ocupa el lugar que le corresponde en nuestra vida, mil problemas se resuelven de una vez.

El descenso del cielo no es un sueño lejano; es una realidad diaria para todo corazón rendido.

Pasos prácticos para vivir "como en el cielo"

- **Visualización del día:** Imagina los dones del cielo descendiendo sobre tu hogar, tu trabajo y tus relaciones.
- **Acción inmediata:** Elige hoy una situación específica e invita al cielo a reinar ahí; con paz, sabiduría o gozo.

Pregunta para reflexionar

- ¿Dónde te está invitando Dios hoy a ser una puerta viva por donde el cielo fluya hacia la tierra?

Oremos juntos

Padre celestial:

Hoy proclamo con valentía: ¡Esta es la casa de Dios; esta es la puerta del cielo!

Invade mi caos con tu paz.

Ilumina mi confusión con tu sabiduría.

Llena mi vacío con tu abundancia.

Abro de par en par las puertas de mi corazón, de mi hogar, de mi trabajo y de mis relaciones.

Deja que el cielo descienda con poder a través de mí.

Haz de mi vida un puente viviente donde tu reino gobierna, tu nombre es glorificado, y tu voluntad es cumplida con alegría.

Deja que los ángeles suban y bajen sobre la escalera de tus promesas en mi vida.

Que cada rincón de mi casa de oración resuene con la canción de esperanza del cielo.

El cielo no es teoría: es realidad. Que viva, respire y fluya a través de mí hoy.

En el nombre de Jesús, amén.

Guillermo reflexionó: "El Padre Nuestro está estructurado como un descenso divino: primero el cielo, luego el nombre de Dios, Su reino, Su voluntad, y finalmente la tierra. Cada oración puede abrir una puerta para la realidad celestial."

¿Hacia dónde vamos desde aquí?

Escucha más sobre este capítulo en el pódcast:

https://ericcelerier.net/podcast-es-17

Ahora que hemos estado en el pasillo sagrado donde el cielo desciende a la tierra, surge la gran pregunta: ¿Cómo accedemos personalmente y a diario a este intercambio divino?

En el próximo capítulo, entraremos por la única puerta verdadera a esta realidad celestial: **Jesús mismo.** Él no solo nos enseñó a orar; **Él es la puerta** por la que entran todas las promesas del cielo.

Capítulo 18

La puerta del cielo

"Yo soy la puerta; el que por mí entrare, será salvo;
y entrará, y saldrá, y hallará pastos."

Juan 10:9 RVR60

Mientras descendemos desde los pisos celestiales de nuestra casa espiritual hacia las realidades del nivel inferior, nos encontramos con una puerta claramente señalada por estas palabras poderosas: "Yo soy la puerta."

Esta puerta no es solo una entrada; es Jesús mismo, el vínculo viviente entre la eternidad y la vida cotidiana. Él hace accesible lo divino y lo hace presente de forma íntima en cada rincón de nuestra existencia.

Solo a través de Jesús

Cuando Jesús dijo: "Nadie llega al Padre sino por mí" (Jn. 14:6), no estaba siendo exclusivista; estaba siendo claro. Solo Jesús conecta el cielo con la tierra, y es Su presencia la que da poder real a nuestras oraciones y transforma momentos comunes en encuentros sagrados.

Cada oración ofrecida en el nombre de Jesús nos conecta profundamente con nuestro Padre celestial.

Jesús revelado en el Padre nuestro

¿Has notado que cada frase del Padre Nuestro revela la identidad de Jesús?

- **"Padre nuestro que estás en el cielo":** Jesús vino del cielo para mostrarnos que Él y el Padre son uno.
- **"Santificado sea tu nombre":** Jesús encarna la santidad; es el Nombre sobre todo nombre, Emanuel: Dios con nosotros.
- **"Venga tu reino":** Jesús es el Rey que trajo el reino de Dios a la tierra.
- **"Hágase tu voluntad en la tierra como en el cielo":** Jesús obedeció la voluntad del Padre hasta la cruz.
- **"Danos hoy nuestro pan cotidiano":** Jesús, nacido en Belén (la "Casa del Pan"), es el Pan de Vida.
- **"Perdónanos nuestras ofensas, como también nosotros hemos perdonado a nuestros ofensores":** Jesús ofreció perdón desde la cruz y nos enseña a perdonar.
- **"No nos dejes caer en tentación, sino líbranos del maligno":** Jesús venció la tentación y derrotó al maligno.
- **"Tuyos son el reino y el poder y la gloria para siempre":** Jesús reina con autoridad eterna.[1]
- **"Amén":** Jesús es la Verdad que sella todas las promesas.

Comprender esto transforma el Padre Nuestro: no es solo una oración enseñada por Jesús; es una oración que **revela a Jesús**.

Él es la llave viviente que abre cada habitación de nuestra casa espiritual.

Pascuala reflexionó: "Mi deseo es que Jesús
me alimente cada día; no solo físicamente,
sino espiritual y emocionalmente,
para llevar Su vida a donde vaya."

La puerta como realidad diaria

Reconocer a Jesús como la puerta transforma cada aspecto de nuestra vida:

- Nuestras **decisiones** son guiadas por Su sabiduría.
- Nuestras **relaciones** florecen por Su gracia.
- Nuestras **batallas** encuentran paz en Su fuerza.
- Nuestras **debilidades** se convierten en plataformas para Su poder.

Jesús promete: "Podrá entrar y salir con libertad y hallará pastos." (Jn. 10:9)

A través de Él, no solo encontramos salvación; encontramos alimento diario, seguridad, libertad y vida en abundancia.

Conectando el cielo a tu corazón

C. S. Lewis lo expresó con precisión:

> Apunta al cielo y obtendrás la tierra "incluida"; apunta a la tierra y no obtendrás ninguno de los dos.[2]

Cada vez que entras por medio de Jesús, tu corazón se convierte en una puerta viviente donde el cielo toca la tierra.

Ana María testificó: "Durante años de sanidad por heridas e injusticias, fue Jesús —el Príncipe de Paz— quien me guio con ternura a través de la puerta hacia la libertad y el gozo duradero."

Pasos prácticos para entrar por medio de Jesús

- **Comienza con Jesús:** Hoy, empieza tu oración diciendo con intención: "Padre, vengo a ti a través de Jesús, mi puerta."
- **Visualización espiritual:** Imagina que entras por Jesús hacia el abrazo del Padre, recibiendo gracia, sabiduría y paz.
- **Compromiso intencional:** Identifica un desafío actual. Colócalo hoy mismo en manos de Jesús, tu puerta.

Pregunta para reflexionar

- ¿Dónde te está invitando Jesús hoy a entrar por Él hacia una mayor paz, fortaleza o provisión?

Oremos juntos

Señor Jesús:

Tú eres la puerta. Tú eres el camino, la verdad y la vida. Hoy, entro por ti en la presencia del Padre.

Dejo a tus pies mis temores, mis cargas y mis ambiciones.

Aliméntame con tu vida. Fortaléceme con tu sabiduría. Guíame con tu paz.

Transforma mis momentos ordinarios en encuentros extraordinarios donde el cielo toca la tierra.

Haz de mi vida una casa viva de oración, donde cada puerta se abre por ti y a través de ti.

Gracias por ser la puerta, el Pastor, el Salvador y el Señor. Te abrazo como mi acceso al corazón del Padre.

En tu nombre poderoso y lleno de amor, amén.

¿Hacia dónde vamos desde aquí?

Ahora que has atravesado la puerta y te has encontrado con Jesús de una forma nueva, estás listo para profundizar en tu visión espiritual. En el próximo capítulo, exploraremos cómo el arrepentimiento auténtico limpia nuestro corazón para ver a Jesús con mayor claridad.

Escucha más sobre este capítulo en el pódcast.

https://ericcelerier.net/podcast-es-18

¿Estás listo para adentrarte más en la intimidad?

Capítulo 19

Ver a Jesús a través del arrepentimiento

"Cuando él venga, convencerá al mundo de su error en cuanto al pecado, a la justicia y al juicio."

Juan 16:8

A medida que avanzamos por las habitaciones de la casa de oración, acercándonos al corazón del Padre —llamándolo Abba, santificando Su nombre, deseando Su reino y rindiéndonos a Su voluntad— ahora entramos en una habitación más silenciosa, a menudo pasada por alto: **el arrepentimiento.**

Pero es aquí donde ocurre algo extraordinario. En esta sala comenzamos a ver a Jesús no como una idea, sino como una presencia viva. Y a través de la guía tierna del Espíritu Santo, somos atraídos de nuevo a una comunión profunda con el Padre.

El arrepentimiento como una radiografía espiritual

En el mundo del arte, el término *pentimento* describe cuando pintores como Da Vinci, Van Gogh o Picasso modificaban sus obras, pintando sobre versiones anteriores. Esas capas ocultas son invisibles a simple vista, pero con rayos X salen a la luz.

El arrepentimiento funciona de forma similar en nuestras almas. No se trata solo de decir "lo siento", sino de permitir al Espíritu Santo revelar esas capas escondidas —motivaciones, heridas, orgullo y temores— que nublan nuestra visión de Jesús.

La belleza del arrepentimiento no está en la culpa que revela, sino en la claridad que trae. Es el momento sagrado en el que la neblina se disipa y Jesús se hace visible con más fuerza.

Ver los regalos de Jesús en cada frase

El arrepentimiento genuino no solo limpia; agudiza nuestra visión. De repente, en el Padre Nuestro, vemos lo que Jesús ha hecho por nosotros:

- **"Padre nuestro en el cielo":** Jesús nos lleva al abrazo del Padre (ver Ro. 8:15).
- **"Santificado sea tu nombre":** Jesús revela a un Dios santo que podemos conocer (ver Jn. 17:6).
- **"Venga tu reino":** Jesús es el Rey que trajo el cielo cerca (ver Lc. 17:21).
- **"Hágase tu voluntad en la tierra como en el cielo":** Jesús obedeció hasta la muerte, abriendo el camino (ver Flp. 2:8).
- **"Danos hoy nuestro pan cotidiano":** Jesús es el Pan de Vida que nos sostiene (ver Jn. 6:35).

- **"Perdónanos nuestras ofensas, como también nosotros hemos perdonado a nuestros ofensores":** Jesús perdonó desde la cruz y nos enseña a perdonar (ver Lc. 23:34).
- **"No nos dejes caer en tentación":** Jesús venció la tentación y nos fortalece (ver 1 Co. 10:13).
- **"Sino líbranos del maligno":** Jesús venció al enemigo por nosotros (ver Col. 2:15).
- **"Tuyos son el reino y el poder y la gloria para siempre":** Jesús reina con gloria eterna (ver Ap. 5:12–13).

El arrepentimiento no es humillación; es reenfoque. Y al reenfocar, Jesús se revela, y el corazón del Padre brilla con más claridad a través de Él.

Ana María reflexionó: "Cada paso de arrepentimiento profundizó mi intimidad con Cristo. Su gracia levantó mi culpa y llenó mi corazón de gozo."

El Espíritu Santo: Nuestro guía tierno

El Espíritu Santo nunca nos condena en el arrepentimiento; Él nos guía con amor y levanta las capas que nos ocultan la luz.

Él es el Arquitecto del Padre Nuestro, quien inspiró cada palabra para mostrarnos al Hijo y llevarnos de regreso al Padre.

Como Max Lucado dijo con gracia:

> Dios te ama tal como eres, pero se niega a dejarte así.
> Él quiere que te parezcas a Jesús.[1]

El arrepentimiento es el proceso por el cual el Espíritu Santo nos transforma a Su imagen.

Un desafío personal

¿Tus oraciones se sienten borrosas últimamente? Tal vez estás agotado, distraído o cargando silenciosamente con orgullo o autosuficiencia.

¿Y si lo único que necesitas para recuperar la claridad... es arrepentirte?

Cuando te detienes y confiesas —de forma honesta, humilde y total— Jesús no se aparta. El Espíritu Santo susurra... y la luz del cielo entra.

Esto no es teoría. Es transformación. Y está disponible hoy.

Luisa compartió: "El arrepentimiento me mostró cuán profundamente mis acciones habían herido a otros. Ver la misericordia de Jesús tan de cerca me hizo atesorar Su gracia como nunca antes."

Aplicaciones prácticas

- **Acción diaria:** Al orar el Padre Nuestro, detente en cada línea y susurra: "Jesús, muéstrame tu rostro aquí."
- **Pregunta para reflexionar:** ¿Qué área de tu vida se siente confusa o nublada? ¿Qué paso de arrepentimiento podría traer claridad?

Los frutos espirituales y emocionales del arrepentimiento

El arrepentimiento no conduce al peso, sino a la ligereza. Cuando Jesús vuelve a ser visible, experimentas:

- Mayor intimidad con Dios
- Paz que reemplaza la culpa
- Una vida de oración más auténtica
- Un corazón transformado por amor

Fundamento teológico

El arrepentimiento no es un desvío en la vida cristiana; es el camino.

En el antiguo Shemá, el pueblo de Dios era llamado a amarle con todo el corazón, y a regresar a Él una y otra vez cuando se apartaran. El arrepentimiento es regresar al amor.

Oremos juntos

Padre celestial:

Gracias porque el arrepentimiento no es condena; es invitación. Es el lugar donde vuelvo a verte, Jesús.

Espíritu Santo, guíame suavemente hacia la luz. Revela lo que necesita ser sanado... no para avergonzarme, sino para restaurarme.

Haz del arrepentimiento mi puente diario de regreso a tus brazos amorosos. Haz que cada oración sea más clara, más profunda, más viva.

Hoy vuelvo a tu luz. Hoy vuelvo a casa.

En el nombre de Jesús, amén.

¿Hacia dónde vamos desde aquí?

Ahora que la niebla se ha disipado y Jesús se revela con claridad, estamos listos para subir aún más.

En el próximo capítulo, exploraremos cómo el amor sube desde nuestro corazón; y cómo la gracia del cielo baja para encontrarse con nosotros.

¿Estás listo para dar el siguiente paso?

Escucha más sobre este capítulo en el pódcast:

https://ericcelerier.net /podcast-es-19

Capítulo 20

La escalera

"Toda buena dádiva y todo don perfecto desciende de lo alto, del Padre de las luces."

Santiago 1:17 RVR60

En una casa de varios niveles, las escaleras conectan los distintos pisos. Permiten el movimiento, crean acceso y hacen posible la transición. En tu casa espiritual de oración, las escaleras representan algo aún mayor: un ritmo sagrado, una relación dinámica entre tu corazón y el cielo. Tus oraciones suben. La gracia de Dios desciende. Tu adoración asciende. Su paz fluye.

Como Jacob, que soñó con una escalera donde los ángeles subían y bajaban entre el cielo y la tierra (Gn. 28:12), nosotros también somos invitados a ver nuestra vida espiritual como profundamente conectada con el cielo. Nada es estático. Todo fluye a través de esta escalera divina.

Recuerdo visitar el Burj Khalifa en Dubái —la torre más alta del mundo— junto a Muriel. Nos sorprendió que solo tomara un minuto llegar al mirador. Lo que a pie tomaría horas, el ascensor lo logró en segundos. Pensé: *esto es como la oración. La conexión entre nuestro Padre celestial y nosotros es inmediata. En el momento en que decimos: "Padre nuestro que estás en el cielo", la escalera de la gracia ya está en movimiento.*

Y sin embargo... a veces las respuestas parecen tomar las escaleras en lugar del ascensor.

Jesús, la verdadera escalera

Jesús declaró: "Verán abrirse el cielo, y a los ángeles de Dios subir y bajar sobre el Hijo del hombre" (Jn. 1:51).

Él no es solo nuestro Salvador; es la escalera misma. El punto de conexión. El puente. Totalmente Dios, totalmente humano, Él vincula tu vida ordinaria con la gracia extraordinaria.

Por medio de Él, cada oración que susurras llega al trono del cielo. Cada don que el Padre envía fluye de vuelta a ti a través de Jesús, el mediador de toda gracia.

Una escalera de doble sentido: amor y gracia

Aquí está la maravilla: esta escalera opera como un flujo sagrado en dos direcciones.

El amor asciende. Todo comienza con el amor. "Dios es amor" (1 Jn. 4:16), y ese amor nos atrae hacia Él. Piensa en María derramando perfume a los pies de Jesús (Jn. 12:3): su devoción subió como fragancia, llenando la casa. Tus actos sinceros de amor hacen lo mismo.

Jesús nos recuerda: "Cuánto más su Padre celestial dará buenos regalos a quienes le pidan" (Mt. 7:11 NTV). Su amor impulsa tus oraciones hacia lo alto.

La gracia desciende. La gracia no es solo un regalo; es un río de compasión que fluye constantemente hacia abajo. Desciende no porque la merezcamos, sino porque Dios se deleita en derramar Su presencia sobre corazones abiertos. Como escribió Santiago: "Toda buena dádiva y toda perfecta bendición descienden de lo alto" (Stg. 1:17).

Imagina a la reina Ester ante el rey. Al verla, él extendió el cetro de oro y dijo: "¿Qué deseas...? ¡Te la daré, aun si fuera la mitad del reino!" (Est. 5:3 NTV).

Ahora imagina a tu Rey extendiendo Su cetro hacia ti. Te acercas a un trono de gracia, no de juicio.

Ana compartió: "Cuando visualicé la oración como amor que sube y gracia que baja, la ansiedad desapareció. La oración se volvió una anticipación alegre, no una carga."

Un intercambio sagrado en tiempo real

Cada vez que oras, ocurre un intercambio divino; y nunca se interrumpe.

La escalera entre el cielo y tu corazón está siempre abierta, siempre activa, asegurada por Jesús. Visualízalo:

- Tu alabanza sube; Su paz baja.
- Tus preocupaciones suben; Su sabiduría baja.
- Tu hambre por Dios sube; Su Espíritu te sacia.

El cielo no está lejos. Está irrumpiendo. Incluso el momento más cotidiano puede volverse sagrado cuando el cielo toca la tierra.

Un desafío para ti

¿Ves la oración como un mensaje en una sola dirección... o como un intercambio sagrado?

¿Qué pasaría si cada susurro fuera una invitación a la gracia?

No tienes que subir solo. Jesús es tu escalera. Cada aliento, cada palabra, cada lágrima sube... y es respondida con cuidado divino.

La gracia no siempre grita con milagros. A menudo susurra con misericordia: Paz en la ansiedad, fortaleza en la debilidad, claridad en la confusión, provisión en la necesidad.

Luz reflexionó: "Esta escalera sagrada transformó mis oraciones en encuentros íntimos. Cada petición subía con confianza; cada respuesta descendía con gracia."

Aplicaciones prácticas

- **Ubicación sagrada:** Detente ahora. Imagina colocar una carga en la escalera. Obsérvala subir con confianza... y la gracia descender en respuesta.
- **Momento de reflexión:** ¿Qué parte de tu día puede convertirse en un intercambio divino?

Fundamento espiritual

Esta visión refleja el Shemá:

> Ama al SEÑOR tu Dios con todo tu corazón, con toda tu alma y con todas tus fuerzas. (Dt. 6:5)

El amor asciende. La gracia desciende.

Como nos recuerda Dallas Willard:

> La gracia no se opone al esfuerzo. Se opone al mérito.[1]

La gracia da la bienvenida a tu búsqueda.

Oremos juntos

Padre celestial:

Gracias por Jesús, la escalera que conecta mi corazón con el tuyo. Hoy, ofrezco mi adoración y recibo tu gracia. Llena mi casa de oración con la fragancia de la devoción y la lluvia de tu misericordia.

Haz que cada paso que dé hacia ti sea recibido con oleadas de cielo acercándose. Haz que la oración sea mi ritmo. Haz que la gracia sea mi fundamento.

Haz de mi vida un santuario de amor ascendente y gloria descendente.

En el nombre hermoso de Jesús, amén.

¿Hacia dónde vamos desde aquí?

Benjamín, un lector, dijo una vez: "Para mí, las escaleras representan crecimiento en Dios: una subida hacia lugares más altos. No quiero volver a bajar."

Y es cierto. Las escaleras representan acceso... y ascenso. En tu casa de oración, te permiten elevarte en adoración... y descender en confianza, entrega y amor.

Escucha más sobre este capítulo en el pódcast:

https://ericcelerier.net/podcast-es-20

Ahora entremos en la primera habitación sagrada de la planta baja: "Danos hoy el pan nuestro de cada día." El cielo está a punto de encontrarse con tu vida cotidiana.

Reflexión y oración

Reflexión y oración

Parte 4

EL PISO INFERIOR

Donde el cielo responde a nuestras necesidades

Capítulo 21

Nuestro pan de cada día

"Danos hoy nuestro pan cotidiano."

Mateo 6:11

Al bajar al nivel inferior de nuestra casa espiritual de oración, comenzamos a tocar nuestras necesidades humanas: físicas, emocionales y relacionales. Esta parte del Padre Nuestro —"Danos hoy el pan nuestro de cada día"— marca un cambio de lo elevado a lo concreto. Aquí, la oración se vuelve encarnada. Es donde el cielo toca el suelo.

Jesús nos guía hacia abajo, no como derrota, sino como dependencia. El pan es donde el cielo se encuentra con el hambre.

Pan como fundamento

El psicólogo Abraham Maslow ubicó la comida, el agua y el refugio en la base de su famosa pirámide de necesidades humanas. Jesús nos encuentra allí: no solo para reconocer estas necesidades, sino para recordarnos que Dios se interesa profundamente por ellas.

> Por eso les digo: No se preocupen por su vida, qué comerán o beberán [...] Fijense en las aves del cielo: no siembran ni cosechan, ni almacenan en graneros; sin embargo, el Padre celestial las alimenta. (Mt. 6:25–26)

Cuando pedimos el pan diario, estamos afirmando: "Dios, tú eres mi Proveedor hoy."

Pan en la puerta

Hace años, cuando Muriel y yo éramos pastores jóvenes, casi no teníamos dinero y teníamos un niño pequeño que alimentar. Orábamos: "Danos hoy nuestro pan..." literalmente. Y, para nuestra sorpresa, ¡el pan aparecía!

Abría la puerta y allí estaban: bolsas con comida, frutas frescas, sin nota ni explicación. Nunca supimos quién las dejaba, pero sabíamos perfectamente de dónde venían: del Padre que ve en lo secreto.

El misterio de *epiousios*

La palabra griega traducida como "diario" es *epiousios*: una palabra tan rara que solo aparece dos veces en toda la Escritura. Viene de *epi* ("sobre, más allá") y *ousía* ("esencia, sustancia"). Juntas, sugieren un pan más allá de lo ordinario: un pan "suprasustancial".

San Jerónimo, al traducir los Evangelios al latín, usó *quotidianum* ("diario") en Lucas y *supersubstantialem* ("suprasustancial") en Mateo. Jesús nos invita a sostener ambas realidades: lo práctico y lo espiritual.

Origenes lo llamó "el pan necesario para la existencia."[1]

N. T. Wright lo enseña así: el verdadero pan diario es Jesús mismo, la Palabra viva que sostiene lo más profundo de nuestro ser.

Como dijo un querido hermano:

> La presencia real de Cristo no es una transformación química; es un encuentro concreto con el Señor que se entrega como alimento.

Sofía compartió: "Reconocer a Cristo como mi pan diario transformó mi devocional. Cada comida ahora me recuerda que Jesús es mi alimento real, el que sacia mi alma."

Jesús, el pan de vida

Jesús proclamó:

> Yo soy el pan de vida [...]. El que a mí viene nunca pasará hambre y el que en mí cree nunca más volverá a tener sed. (Jn. 6:35)

Nacido en Belén —"Casa del Pan"— Jesús no vino solo a alimentar multitudes, sino a nutrir almas. San Agustín lo expresó de forma similar: Cristo es el Pan de Vida: siempre presente, esperando con paciencia nuestro hambre espiritual. Se podría resumir así: "Cristo es el pan, esperando ser deseado."

Él te espera hoy.

Comunión, presencia y memoria

En la mesa del Señor —ya sea como misterio o como memorial— el pan y el vino se convierten en un punto de encuentro entre la gracia, la memoria y la presencia. Más allá de nuestras diferencias, permanece una verdad: Cristo se entrega a sí mismo por nosotros.

Pan compartido

Jesús nos enseñó a orar por *nuestro* pan diario; no solo mi pan. Esta oración nos enraíza en comunidad. Estamos llamados no solo a recibir, sino a compartir.

En un mundo hambriento de alimento físico y espiritual, tu casa de oración debe convertirse también en una casa de pan: un lugar de generosidad, compasión y provisión.

Practicando el pan del cielo

- **Agradece antes de comer:** No solo por los alimentos, sino por Jesús, el verdadero Pan.
- **Aliméntate de la Escritura:** Saborea Su Palabra como tu cuerpo saborea el alimento.
- **Comparte generosamente:** Pregunta a Dios cómo puedes ser pan para alguien hoy: con una comida, una palabra, una oración o una sonrisa.

Marcos reflexionó: "Orar por el pan se volvió profundo cuando entendí lo que significa *epiousios*. Cada oración reconoce que Cristo mismo me sostiene."

Preguntas para reflexionar

- ¿Cómo estás dependiendo hoy de Jesús como tu pan suprasustancial?
- ¿Cómo puede tu casa de oración convertirse en una casa de pan para otros?

Oremos juntos

Padre, gracias por suplir nuestras necesidades diarias. Gracias aún más por Jesús —el Pan de Vida— que nutre mi alma y ancla mi vida.

Señor Jesús, tú eres mi pan suprasustancial. Eres mi alimento, mi fuerza, mi vida. Aliméntame con tu Palabra.

Espíritu Santo, despierta en mí el hambre por Cristo y la alegría de recibirlo. Lléname con tu Espíritu. Hazme sensible para compartir lo que he recibido... tanto lo material como lo eterno.

Que mi casa de oración esté impregnada del aroma de la gratitud, del sabor de tu bondad y del deseo de alimentar a otros. Haz de mi vida una panadería viva donde se hornee y se reparta tu pan para un mundo hambriento.

Hoy recibo no solo alimento para el cuerpo, sino plenitud para el alma. Gracias por ser el Pan bajado del cielo para dar vida al mundo.

En tu nombre nutritivo y hermoso, amén.

¿Hacia dónde vamos desde aquí?

Después de recibir a Cristo como nuestro alimento diario, surge otro anhelo: el de restauración y sanidad.

En el próximo capítulo, entraremos a la sala sagrada del perdón, donde las deudas se liberan y la gracia fluye libremente. ¿Estás listo?

Escucha más sobre este capítulo en el pódcast:

https://ericcelerier.net/podcast-es-21

Capítulo 22

Perdónanos nuestras ofensas

"Perdónanos nuestras ofensas, como también nosotros hemos perdonado a nuestros ofensores."

Mateo 6:12

En nuestro recorrido por la casa de oración, hemos llegado a una de sus salas más vitales: un espacio dedicado por completo al perdón. Aquí reside el corazón de nuestra relación con Dios y con los demás: un lugar de libertad, reconciliación y renovación. El perdón no es solo otra sala; es parte del fundamento. Sin él, toda la casa corre el riesgo de desmoronarse.

El perdón: Nuestra mayor necesidad

Cuando Jesús nos enseña a orar "Perdónanos nuestras deudas", nos dirige hacia una verdad fundamental: todos cargamos deudas morales. En la tradición hebrea, el pecado a menudo se veía como una deuda: una obligación espiritual hacia Dios y hacia los demás.

De hecho, la palabra hebrea *chov* ("deuda") se refiere tanto a lo financiero como a lo moral. En el Año del Jubileo (Lv. 25), todas las deudas eran perdonadas: una imagen profética y poderosa de la misericordia divina.

Cada pecado genera una deuda espiritual que no podemos pagar. Pero Jesús, con ternura, nos invita a recibir el perdón total de Dios... y a extenderlo a los demás.

Experimentar el perdón personalmente

¿Alguna vez has cargado una culpa pesada, deseando con desesperación ser libre? Imagina saber que todas tus deudas han sido completamente borradas por el sacrificio de Cristo. ¿Qué impacto tendría eso en tus relaciones, tu oración, tu paz interior?

El perdón no es solo una idea teológica... es una experiencia personal que transforma desde dentro.

Jesús: La encarnación del perdón

Jesús no solo enseñó sobre el perdón; lo vivió.

- Juan el Bautista lo llamó: "el Cordero de Dios, que quita el pecado del mundo" (Jn. 1:29).
- En la cruz, Jesús oró: "Padre... perdónalos, porque no saben lo que hacen" (Lc. 23:34).

Comprender a Jesús como el perdón hecho carne cambia nuestra forma de orar: no solo concluimos en Su nombre, sino que accedemos al perdón a través de Él.

El perdón como un flujo continuo

Fíjate en la estructura de la oración: "Perdónanos... como también nosotros perdonamos." Esto revela un patrón divino:

1. Primero recibimos el perdón de Dios.
2. Luego lo damos a otros.

Jesús lo ilustró con la parábola del siervo que no supo perdonar (Mt. 18:21–35). El perdón verdadero fluye naturalmente cuando comprendemos cuánto hemos sido perdonados.

El perdón no es un evento único; es un río vivo de gracia que mantiene nuestro corazón limpio de resentimiento.

Elisabet compartió: "Culpé durante años a mi padre por haberme abandonado. Entonces Dios me mostró que también debía perdonarme a mí misma. Cuando lo hice, supe lo que es verdadera paz. El perdón libera de verdad."

Una lista de ofensas comunes

Tal vez no te das cuenta de cuánto se han acumulado estas en tu interior. Pero el Espíritu Santo sí lo sabe.

Piensa en estas áreas donde podrías necesitar perdonar (o ser perdonado):

- Indiferencia hacia el sufrimiento de otros
- Pensamientos duros o juiciosos
- Explosiones de ira
- Rechazo o exclusión
- Mentiras y engaños
- Retener lo que no te pertenece
- Manipulación o control
- Abuso verbal, emocional o físico
- Deseo de venganza
- Traición y pérdida de confianza
- Negarse a perdonar

¿Cuál de estas te toca hoy? ¿Qué quiere el Espíritu Santo ayudarte a soltar?

El perdón no minimiza el dolor. Simplemente se niega a dejar que el dolor tenga la última palabra.

El perdón en la vida cotidiana

El perdón muchas veces se enfrenta a heridas profundas: traición, rechazo, palabras hirientes. Pero perdonar no significa excusar el mal; significa entregarlo a Jesús y confiar en Su justicia y misericordia.

> Laura dijo: "No me daba cuenta de cómo el rencor oculto estaba envenenando mi vida, hasta que casi pierdo mi alegría. Perdonar a otros —y pedir perdón— me trajo sanidad profunda."

La belleza de la palabra *perdón*

La palabra "perdonar" viene del latín *perdonare*: *per* = "completamente", *donare* = "dar". Así que perdonar es literalmente "dar completamente". Es liberación total. Misericordia sin condiciones. Un regalo que no se gana, sino que se ofrece.

Perdonar es reflejar el corazón del Padre: el que dio completamente a Su Hijo.

Aplicaciones prácticas

- **Acción del día:** Identifica a alguien que necesitas perdonar. Da hoy un paso: ora por esa persona, bendícela, o simplemente decide soltar.
- **Visualización reflexiva:** Imagina que estás en la sala del perdón. Ve cada ofensa entregada a Jesús. Siente Su paz reemplazando el peso.
- **Ejercicio de carta:** Escribe una carta de perdón, aunque no la envíes. A veces, solo escribir libera. Dios leerá cada palabra.

Preguntas para reflexionar

- ¿A quién te está llamando Dios a perdonar hoy?
- ¿Cómo cambiaría tu paz interior si liberaras esa carga?

Oremos juntos

Padre celestial:

Gracias por el perdón infinito que me das a través de Jesús. Hoy coloco mis deudas —y mis resentimientos— en tus manos. Limpia mi corazón. Lléname con la libertad de tu misericordia.

Enséñame a perdonar como tú me perdonaste. Haz de mi casa de oración un refugio de paz, reconciliación y gracia.

Jesús, tú fuiste el perdón encarnado. Haz que yo también encarne ese perdón hoy. Que cada palabra del Padre Nuestro fluya con autenticidad en mi vida. Haz que cada acto de perdón abra un puente entre el cielo y la tierra.

En tu nombre misericordioso, amén.

¿Hacia dónde vamos desde aquí?

Ahora que el perdón ha barrido y limpiado esta sala de nuestra casa espiritual, estamos listos para enfrentar la siguiente: la sala de la tentación. Con el corazón limpio, aprenderemos a mantenernos firmes en la fuerza de Dios.

Escucha más sobre este capítulo en el pódcast:

https://ericcelerier.net /podcast-es-22

Capítulo 23

Tres habitaciones, tres tentaciones

"Y no nos dejes caer en tentación."

Mateo 6:13

Después de haber experimentado el poder liberador del perdón, a menudo nos encontramos más vulnerables. Es en esos momentos de sensibilidad espiritual —justo después de victorias significativas— cuando la tentación suele intensificarse. Ahora entramos en la tercera habitación del piso inferior de nuestra casa de oración, correspondiente a la petición: "No nos dejes caer en tentación."

Cada tentación es, en esencia, una batalla entre nuestra voluntad y la de Dios. Esta habitación nos enseña a someternos plenamente a la guía del Padre, especialmente en tiempos de duda, cansancio o vulnerabilidad espiritual. La tentación no es abstracta; es profunda, emocional y real.

Jesús también fue tentado. Después de Su bautismo —cuando el cielo se abrió y el Padre declaró: "Tú eres mi Hijo amado" (Lc. 3:22)— el Espíritu condujo a Jesús al desierto para ser tentado. ¿Por qué? Para mostrarnos cómo resistir, cómo depender totalmente de Dios y cómo permanecer firmes en nuestra identidad como hijos amados.

Miguel dijo: "Un negocio parecía increíble. Pero los términos eran dudosos. En oración, escuché: 'Busca primero Mi reino.' Me alejé. Después, Dios proveyó de formas que nunca imaginé."

Tres tentaciones, tres habitaciones

Cada una de las tentaciones que Jesús enfrentó tiene un paralelismo con una habitación de nuestra casa espiritual:

1. La primera tentación: convertir piedras en pan

> Si eres el Hijo de Dios [...] ordénale a esta piedra que se convierta en pan. (Lc. 4:3)

Aquí, el enemigo ataca la provisión. La sala de "Danos hoy nuestro pan" se vuelve vulnerable cuando dudamos de la bondad de Dios o cuando estamos espiritualmente agotados. Jesús, seguro en la afirmación del Padre, respondió:

> No solo de pan vive el hombre, sino de toda palabra que sale de la boca de Dios. (Mt. 4:4)

Hoy muchos buscan "otros panes" —éxito, fama, aprobación— y quedan vacíos. El alimento verdadero es la Palabra de Dios.

2. La segunda tentación: reinos falsos

> Te daré la autoridad [...] si me adoras. (Lc. 4:6–7)

Esta tentación ataca nuestra lealtad. En nuestra casa espiritual, la sala de "Venga tu reino" se ve comprometida cuando buscamos atajos, reconocimiento o poder fuera de los caminos de Dios. Jesús se negó a negociar:

> Adora al Señor tu Dios y sírvele solamente a él. (v. 8)

3. La tercera tentación: orgullo espiritual

> Si eres el Hijo de Dios, tírate abajo. (Mt. 4:6)

Este último ataque trata sobre el orgullo espiritual: actuar para impresionar, manipular a Dios. Corrompe la sala de "Hágase tu voluntad" al reemplazar la entrega con la autoafirmación.

Jesús eligió la sumisión humilde:

> No pongas a prueba al Señor tu Dios. (v. 7)

La tentación siempre busca distorsionar nuestra identidad, provisión y propósito. Jesús venció porque sabía quién era, confiaba en la palabra del Padre y se negó a tomar atajos. Él comprende la complejidad emocional de la tentación, especialmente cuando estamos débiles.

> Luz reflexionó: "Ansiaba reconocimiento en el ministerio. Después de un fracaso doloroso, me di cuenta de que estaba actuando más que orando. Jesús me trajo de vuelta a una confianza serena."

La victoria ya fue ganada

La tentación es real… pero tu victoria también lo es.

> Así que sométanse a Dios. Resistan al diablo y él huirá de ustedes. (Stg. 4:7)

No luchas solo. Cristo ya venció. Cuando recorres esta habitación con Él, lo haces con poder.

Aplicaciones prácticas

- **Acción inmediata:** Declara en voz alta: "Soy hijo amado de Dios. Mi provisión y seguridad están en Él."
- **Rendición sagrada:** Abre tus manos en oración. Invita a Jesús a entrar en esas áreas donde te sientes más débil.

Pregunta para reflexionar

- ¿Dónde está intentando el enemigo ganar terreno sutilmente en tu vida ahora mismo; y cómo puedes responder con la Palabra y con una entrega más profunda?

Oremos juntos

Padre celestial:

No me dejes caer en las trampas que distraen, engañan o separan mi corazón de ti. Te entrego cada rincón oculto, especialmente donde me siento débil, cansado o vulnerable. Protege mi casa espiritual del orgullo, la autosuficiencia y las falsas promesas.

Jesús, tú venciste la tentación en el desierto. Ayúdame a resistir como tú: aferrado a la Palabra, rendido en adoración y seguro en el amor del Padre.

Espíritu Santo, alinea mis deseos con los tuyos. Haz de esta sala de tentación un lugar de verdad, protección y dependencia.

Gracias porque cada tentación que enfrento ya fue vencida por Jesús. Amén.

¿Hacia dónde vamos desde aquí?

Habiendo resistido la tentación afirmando nuestra identidad y aferrándonos a la Palabra de Dios, ahora estamos listos para entrar en la última sala del piso inferior: la sala de la liberación. Allí oraremos: "Líbranos del mal" y aprenderemos a vivir en verdadera libertad.

Escucha más sobre este capítulo en el pódcast:

https://ericcelerier.net/podcast-es-23

¿Estás listo para permanecer confiado en Su victoria?

Capítulo 24

Líbranos del mal

"Sino líbranos del maligno."

Mateo 6:13

Estamos en la última habitación del piso inferior de nuestra casa de oración, donde oramos: "Líbranos del mal." Esta no es solo una súplica de protección; es una declaración audaz de la victoria de Cristo. Es la habitación donde las batallas espirituales encuentran resolución, donde el poder del cielo confronta las artimañas de la oscuridad. Es el lugar donde la voluntad de Dios, abrazada en la habitación anterior, se convierte en un escudo de liberación.

Enfrentando la realidad del mal

¿Alguna vez has enfrentado situaciones que te sobrepasaban... momentos de temor, ansiedad o desesperación que parecían imposibles de superar? El mal no es una idea abstracta. Es personal. Es la voz que susurra que estás solo, que no vales nada, que estás vencido. Pero la cruz nos cuenta una historia distinta.

Cuando Jesús murió, no solo sufrió... triunfó. Pablo declara:

> Desarmó a los poderes y a las autoridades y [...] los humilló en público al exhibirlos en su desfile triunfal. (Col. 2:15)

La cruz es la garantía de que el mal jamás tendrá la última palabra en tu vida.

El poder de la victoria de Jesús

Hace años, debía reunirme con una funcionaria gubernamental reconocida por su oposición a los valores cristianos. Algunos amigos me advirtieron que tuviera cuidado. Pero en oración, escuché a Dios decir: "Mira más allá de su hostilidad. Ella me necesita." Al compartir el amor de Cristo con ella, sus ojos se llenaron de lágrimas. Ese día entendí algo con claridad: el mal no puede resistir la presencia de Jesús.

Jesús no solo derrota al mal... nos libera día tras día.

Miguel: "El resentimiento hacia un colega casi me consumía, hasta que reconocí que era el mal disfrazado. Al decidir perdonar, la paz entró. El mal perdió poder."

De liberados a libertadores

La victoria de Jesús no está diseñada para quedarse solo en ti; está destinada a fluir a través de ti. Cuando el funcionario etíope recibió a Cristo (Hch. 8), su experiencia condujo a la transformación de una región entera. La mujer samaritana (Jn. 4) llevó el avivamiento a su pueblo. Tu liberación no es el final... es el comienzo de la liberación para otros.

> El que está en ustedes es más poderoso que el que está en el mundo. (1 Jn. 4:4)

Un testimonio viviente

La liberación va más allá de tu alma. Tu casa de oración se convierte en un refugio; un lugar donde otros encuentran la libertad de Cristo. A través de tus oraciones, las familias se restauran, las ciudades se transforman y las naciones se sanan.

La victoria de Jesús sobre el mal es total. El último enemigo —la muerte— ha sido vencido. Ahora llevamos esa victoria a la vida diaria, declarando con nuestra vida: "Líbranos del mal", mientras permitimos que la luz supere toda sombra.

Tres pasos para una liberación diaria

1. **Reconoce:** Nombra el mal que intenta infiltrarse, temor, rencor, tentación.
2. **Resiste:** Declara la verdad de Dios con firmeza sobre tu situación.
3. **Confía:** Apóyate plenamente en la victoria de Cristo y en Su presencia viva en ti.

Pasos prácticos para caminar en victoria

- **Declaración inmediata:** Di en voz alta: "Jesús ya venció al mal. Hoy vivo desde Su victoria."

- **Visualización de protección:** Imagina a Jesús de pie en la entrada de tu casa espiritual, vigilando cada habitación.
- **Comparte tu liberación:** Recuerda un momento en que Dios te liberó, y cuéntaselo a alguien que hoy necesite esperanza.

Oremos juntos

Padre, gracias porque Jesús ya venció al mal en la cruz. Hoy me refugio en esa victoria. Líbrame de todo plan del enemigo que quiera invadir mi corazón, mi familia o mi propósito.

Haz de mi casa de oración una fortaleza de gracia, protección y misión, donde tu luz disipe toda sombra, y tu reino avance en la tierra como en el cielo.

Lléname con tu Espíritu. Haz que cada oración sea una espada, cada aliento una declaración, cada paso un testimonio de tu libertad.

En el nombre victorioso de Jesús, amén.

Lucía: "Vivía prisionera del miedo al rechazo. Un día escuché a Dios decir: 'Confía más en mi amor que en su opinión.' Al hacerlo, el miedo se disolvió."

¿Hacia dónde vamos desde aquí?

Habiendo tomado refugio en la habitación de la liberación, ahora estamos listos para afirmar todo el fundamento de nuestra casa de oración. En el próximo capítulo, declararemos con convicción: "Tuyo es el reino, el poder y la gloria, por los siglos de los siglos."

Escucha más sobre este capítulo en el pódcast:

https://ericcelerier.net/podcast-es-24

¿Estás listo para edificar tu vida sobre lo eterno?

Reflexión y oración

Reflexión y oración

Parte 5

LA CASA CONECTADA

Donde el cielo toca la tierra a través de la oración

Capítulo 25

La casa de oración conectada

Vivimos en un mundo de casas cada vez más conectadas. La mía está equipada por completo: sistemas de sonido, televisores, luces, aire acondicionado, cámaras de seguridad, incluso la cerradura de la puerta principal... todo se puede controlar desde cualquier lugar del mundo. Pero cuando hablo de una "casa conectada", me refiero a algo infinitamente más impresionante: la conexión espiritual entre los niveles superior e inferior de tu casa de oración.

Cada habitación del nivel superior está alineada directamente con una contraparte en el nivel inferior, revelando una simetría sagrada tejida en el Padre Nuestro. Este diseño no es aleatorio; refleja el profundo deseo de Dios de conectar el cielo con la tierra a través de la oración.

Una alineación extraordinaria

En la cima de nuestra casa espiritual está el techo: "Padre nuestro que estás en el cielo."

En la base se encuentra nuestra confianza inquebrantable: "Tuyo es el reino, el poder y la gloria por los siglos."

Estas dos verdades lo sostienen todo, anclando nuestra vida de oración en la presencia y el propósito eternos de Dios.

Observa cómo cada habitación de arriba se alinea maravillosamente con una de abajo:

Habitación superior 1: "Santificado sea tu nombre"
Habitación inferior 1: "Danos hoy nuestro pan"
Cuando honramos Su nombre, Él suple nuestras necesidades, tanto espirituales como físicas.

Habitación superior 2: "Venga tu reino"
Habitación inferior 2: "Perdónanos nuestras deudas"
El perdón manifiesta el reino. No es solo personal; es comunitario, reconcilia y restaura lo que estaba roto.

Habitación superior 3: "Hágase tu voluntad"
Habitación inferior 3: "No nos dejes caer en tentación… líbranos del mal"
Vivir en la voluntad de Dios protege nuestro corazón de la tentación y nos guía hacia la libertad.

Este alineamiento intencional revela un patrón divino: **El cielo lidera. La tierra responde.**

Las llaves del cielo y la tierra

Jesús le dijo a Pedro:

> Te daré las llaves del reino de los cielos; todo lo que ates en la tierra quedará atado en el cielo y todo lo que desates en la tierra quedará desatado en el cielo. (Mt. 16:19)

En griego, el tiempo verbal lo aclara aún más: "habrá sido atado en el cielo."

Esto significa que nuestras oraciones no inician algo nuevo; **activan lo que Dios ya ha decretado**.

La oración no es persuasión. Es **asociación**.

Joana dijo: "Orar en voz alta con la Escritura se volvió como usar llaves celestiales. Al declarar la Palabra, vino el rompimiento: la tierra se alineó con el cielo."

Una historia personal: Mi auto del cielo

Jamás olvidaré el día en que entendí esta verdad.

Era un estudiante de Biblia sin dinero. De pronto, me quedé sin auto... y lo necesitaba con urgencia para servir. Comprar o rentar era imposible. Me sentí impotente.

Pero en vez de entrar en pánico, oré con fe. Declaré las promesas de Dios. Creí que el cielo ya se había movido.

Días después, alguien me llamó inesperadamente y dijo: "Éric, tengo algo para ti." Cuando llegué a su casa, vi un auto estacionado frente a la puerta.

Él sonrió y dijo: "Es tuyo."

No sabía nada de mi necesidad. Pero el cielo sí.

Muriel y yo estábamos asombrados. Ese auto ya estaba preparado en el cielo... **nuestra oración simplemente lo desbloqueó en la tierra**.

Camila afirmó: "Entender mi autoridad espiritual transformó mi vida. Cuando oro en línea con el cielo, ayudo a traer el cielo a la tierra."

Aplicaciones prácticas

- **Habla con valentía:** Declara en voz alta una promesa de la Escritura. Permite que la verdad del cielo dirija tu día.
- **Visualiza tus llaves:** Imagina a Jesús entregándote llaves. Al orar, visualízate abriendo puertas de provisión, sanidad, perdón y paz.
- **Anima a un amigo:** Comparte este principio con alguien que lo necesita. Recuérdale: la oración abre lo que el cielo ya ha preparado.

Perspectiva espiritual

Dallas Willard describió la oración como: "Hablar con Dios acerca de lo que estamos haciendo juntos."[1]

No es pasiva. No es mendigar. Es una colaboración divina.

Es acceso diario a la estrategia, fuerza y suficiencia del cielo.

Oremos juntos

Padre celestial:

Gracias por la alineación sagrada entre el cielo y la tierra. Gracias por darme las llaves de tu reino.

Hoy, entro en una oración alineada y valiente. Declaro que el cielo lidera... y yo sigo con gozo.

Haz que mi casa de oración refleje tu diseño: provisión, perdón, propósito y poder fluyendo en cada habitación.

Enséñame a vivir conectado: de corazón a corazón, de cielo a tierra.

En el poderoso nombre de Jesús, amén.

¿Hacia dónde vamos desde aquí?

Ahora que hemos descubierto el diseño sagrado de una casa de oración conectada, estamos listos para lo que viene: el que llena esta casa de aliento, poder y presencia: el Espíritu Santo.

¿Estás listo para abrir cada habitación a Su presencia transformadora?

Escucha más sobre este capítulo en el pódcast:

https://ericcelerier.net/podcast-es-25

Capítulo 26

El Espíritu de la casa

Como ya hemos visto, cada habitación de nuestra casa espiritual está cuidadosamente conectada con las realidades del cielo. Pero una casa conectada, por muy bien diseñada que esté, permanece vacía sin vida. Ahora llegamos al momento más impactante: la casa debe ser habitada. El Espíritu de Dios no está destinado a visitarnos ocasionalmente; Él desea llenar cada espacio por completo.

Una casa conectada cobra verdadera vida cuando está llena del Espíritu, quien trae la presencia del cielo a cada habitación. A veces, al entrar en una casa, puedes sentir inmediatamente su atmósfera, ya sea cálida y acogedora o fría y tensa. Más allá del ambiente, lo que se percibe es el espíritu que habita allí. En tu casa espiritual de oración, la presencia que llena cada sala, da vida a cada oración y potencia cada momento es nada menos que el Espíritu Santo mismo.

El Consolador prometido

Jesús sabía que Sus discípulos se sentirían ansiosos al saber que Él regresaría al Padre. Por eso les hizo una promesa extraordinaria:

> Y yo le pediré al Padre y él les dará otro Consolador para que los acompañe siempre: el Espíritu de verdad. (Jn. 14:16–17)

El Espíritu Santo no es distante ni abstracto; es la presencia personal y activa de Dios dentro de cada creyente. Su llegada convierte lo ordinario en espacios sagrados donde el cielo toca la tierra.

Pentecostés: El cielo invade la tierra

Después de la ascensión de Jesús, los discípulos se reunieron en el aposento alto de Jerusalén, esperando. Entonces, en Pentecostés, el cielo irrumpió:

> De repente, vino del cielo un ruido como el de una violenta ráfaga de viento y llenó toda la casa donde estaban reunidos. (Hch. 2:2)

El Espíritu de Dios llenó cada rincón, encendiendo corazones con valentía, gozo y dones espirituales. Ese mismo Espíritu que capacitó a Pedro para predicar con autoridad y claridad, vive hoy en ti.

Como escribió A. W. Tozer:

> La vida llena del Espíritu no es una edición de lujo del cristianismo. Es parte integral del plan de Dios para todos Sus hijos.[1]

La obra del Espíritu en tu casa de oración

- **Guía:** "Cuando venga el Espíritu de la verdad, él los guiará a toda la verdad." (Jn. 16:13)
- **Consuela:** Como "Consolador" (Jn. 14:26), trae paz y certeza.
- **Empodera:** "Recibirán poder cuando el Espíritu Santo descienda sobre ustedes." (Hch. 1:8 NTV)
- **Santifica:** Revela lo oculto, conduce al arrepentimiento y transforma (ver Jn. 16:8).

Reflexión personal

¿Qué tan consciente eres de la presencia del Espíritu Santo en tu día a día? ¿Lo estás invitando a cada habitación?

Recuerdo momentos de profunda desmotivación en el ministerio. Bastó una oración sencilla dirigida al Espíritu Santo para que llegaran una paz inesperada y una claridad sorprendente. Cuando lo invitamos, Él transforma la confusión en dirección, la ansiedad en adoración.

Ana María compartió: "Cuando me siento seca, el Espíritu renueva mi oración. Su toque hace que la Palabra cobre vida y se vuelva personal."

Aplicaciones prácticas

- **Invitación sencilla:** Ahora mismo, ora: "Espíritu Santo, llena cada habitación de mi corazón hoy."

- **Visualización espiritual:** Imagina un viento suave recorriendo tu casa espiritual, refrescando cada sala con la paz, el gozo y la claridad de Dios.
- **Testimonio viviente:** Recuerda un momento en el que Su presencia te transformó. Compártelo con alguien. Tu historia puede avivar la fe de otro.

Oremos juntos

Espíritu Santo:

Hoy abrimos cada habitación de nuestro corazón para ti.

Llena nuestra casa, nuestros pensamientos y nuestras decisiones. Enciende una nueva pasión en nosotros. Renueva lo que está seco. Guíanos a toda verdad. Empodéranos para reflejar a Jesús con valentía.

Haz de nuestra casa espiritual un lugar rebosante de tu gozo, tu paz y tu poder.

En el precioso nombre de Jesús, amén.

Facundo contó: "Una mañana, orando en silencio, el Espíritu me inundó de un gozo y esperanza que creía perdidos. El cielo realmente invadió mi corazón."

¿Hacia dónde vamos desde aquí?

Habiendo dado la bienvenida al Espíritu Santo en cada rincón de nuestra casa espiritual, ahora avanzamos con gozo hacia los cimientos. En el próximo capítulo, declararemos con firmeza: "¡Señor, todo te pertenece!"

¿Estás listo para afirmar el fundamento inquebrantable de tu casa de oración?

Escucha más sobre este capítulo en el pódcast:

https://ericcelerier.net /podcast-es-26

Capítulo 27

¡Señor, todo te pertenece!

"Tuyo es el reino, y el poder, y la gloria, por todos los siglos."

Mateo 6:13 RVR60

Al llegar a los cimientos de nuestra casa de oración, recordamos una verdad que transforma la vida: todo empieza y termina en Dios.

Cuando comenzamos este viaje, notamos que la doxología —"Tuyo es el reino, el poder y la gloria"— no aparece en todos los manuscritos antiguos. Como los cimientos invisibles de una casa, esta frase puede pasar desapercibida. Pero siempre ha sido esencial, sosteniendo toda la estructura espiritual.

Aunque esta línea no está incluida en algunos textos griegos originales, la iglesia primitiva la adoptó rápidamente como parte de la adoración, como atestigua el *Didaché* (siglo I). Como los cimientos ocultos bajo tierra, esta doxología sostiene todo el peso de nuestras oraciones... aunque no se vea.

El techo es el cielo. Las habitaciones son nuestras oraciones diarias. Pero el cimiento —firme, eterno— es esta declaración final del dominio inquebrantable de Dios.

Tuyo es el reino

"Reino" —del griego *basileia*— es el hilo que recorre cada sala de nuestra casa espiritual. El reino de Dios no es frágil ni pasajero; es eterno e invencible.

El rey David lo declaró con convicción:

> Tuyos son, SEÑOR, la grandeza y el poder,
> la gloria, la victoria y la majestad.
> Tuyo es todo cuanto hay en el cielo y en la tierra.
> Tuyo también es el reino. (1 Cr. 29:11)

Cuando declaramos "Tuyo es el reino", dejamos de vivir centrados en nosotros mismos y nos insertamos en algo más grande: el reinado de Dios. Esto transforma nuestras prioridades, redefine nuestras ambiciones y nos llama a servir a un propósito eterno.

Tuyo es el poder

La palabra griega *dunamis* (poder) es la raíz de nuestra palabra moderna "dinamita": una imagen de fuerza explosiva y transformadora.

Pablo lo explica así:

> Al que puede hacer muchísimo más que todo lo que podamos imaginarnos o pedir, por el poder que obra eficazmente en nosotros. (Ef. 3:20)

Decir "Tuyo es el poder" es rendir nuestras limitaciones y depender de Su fuerza sobrenatural. El poder de Dios no solo nos respalda; obra dentro de nosotros, transformando lo imposible en testimonio.

Colette dijo: "Reconocer que todo le pertenece a Dios transformó mis mañanas. Cada nuevo día se volvió un milagro para celebrar."

Tuya es la gloria

La gloria le pertenece a Dios únicamente. Isaías lo dice con claridad:

> Yo soy el SEÑOR; ¡ese es mi nombre!
> No entrego a otros mi gloria. (42:8)

Desde el inicio de mi ministerio, Dios grabó esta verdad en mi alma: "Éric, lo que sea que logres, que la gloria vuelva a mí." Por eso el Salmo 115:1 es uno de mis recordatorios diarios:

> No a nosotros, oh Jehová, no a nosotros,
> Sino a tu nombre da gloria. (RVR60)

La gloria no se trata de reconocimiento humano. Se trata de reverencia. Nos eleva por encima de lo que hacemos para enfocarnos en Quién es Él.

Por todos los siglos

Estas cuatro palabras clave nos arraigan en la eternidad:

> Tu reino es un reino eterno;
> tu dominio permanece por todas las generaciones.
> (Sal. 145:13)

Decir "por todos los siglos" es cambiar nuestra perspectiva. Dejamos de vivir para resultados temporales y comenzamos a vivir para un impacto eterno. Significa dejar que el hoy se moldee por el mañana del cielo.

Vivir con la eternidad en mente es construir tu casa no sobre arena movediza, sino sobre la roca firme del reinado de Dios.

Jocelyn añadió: "Cuanto más reconozco el poder y la gloria de Dios, más pequeños se ven mis problemas. Adorar lo pone todo en la perspectiva correcta."

Aplicaciones prácticas

- **Declaración diaria:** Comienza tu oración diciendo: "Señor, todo te pertenece."
- **Visualización espiritual:** Imagina tu vida reposando sobre los cimientos firmes de Su reino, Su poder y Su gloria.

- **Registro de gratitud:** Lleva un "Diario de gloria", donde anotes momentos en los que el reino, el poder y la gloria de Dios se hayan manifestado en tu vida.

Oremos juntos

Padre celestial:

Al estar sobre los cimientos de mi casa de oración, declaro:

Tuyo es el reino. Tuyo es el poder. Tuya es la gloria. Por los siglos de los siglos.

Cada aliento que tomo, cada paso que doy, cada oración que elevo: todo te pertenece. Ancla mi corazón en esta verdad eterna.

Enséñame a vivir hoy como viviré por la eternidad: rendido con gozo a tu gloria.

En el nombre poderoso de Jesús, amén.

¿Hacia dónde vamos desde aquí?

Escucha más sobre este capítulo en el pódcast:

https://ericcelerier.net/podcast-es-27

Ahora que nuestra casa de oración está plenamente construida —arraigada en el reino de Dios, empoderada por Su Espíritu y coronada con Su gloria— estamos listos para el sello final: el "amén."

Esta última palabra no es solo una conclusión. Es la firma del cielo sobre tu vida.

¿Estás listo para declararla con valentía?

Capítulo 28

AMÉN: El sello de nuestra oración

"Amén."

Mateo 6:13

Esta palabra simple pero profunda concluye el Padre Nuestro, afirmando que, en verdad, el reino, el poder y la gloria pertenecen a Dios para siempre. La palabra "amén" (ἀμήν en griego, ןמֵאָ en hebreo) es mucho más que una forma cortés de cerrar la oración: es una declaración de fe inquebrantable y de plena confianza en las promesas de Dios.

A lo largo de nuestro recorrido por la casa espiritual del Padre Nuestro, hemos atravesado sala tras sala, verdad tras verdad, promesa tras promesa. Ahora, con el "amén", anclamos toda nuestra oración, sellándola con seguridad y entrega.

El significado de "amén"

"Amén" proviene de la raíz hebrea אמן (a-m-n), que significa "firme, confiable, verdadero". Implica veracidad y certeza. Decir "amén" es afirmar con convicción: "Así es, y así será."

En el Antiguo Testamento, "amén" se usaba para sellar oraciones, bendiciones y pactos. Era una expresión del pueblo de Dios para decir: "Estamos de acuerdo. Confiamos en ti." Cada vez que tú dices "amén", te unes a generaciones de creyentes que han afirmado la fidelidad de Dios a lo largo de la historia.

Patricio compartió: "Para mí, orar en el nombre de Jesús significa confiar por completo en Sus promesas. Decir 'amén' ya no es rutina; es mi forma de declarar que Jesús es fiel."

Jesús mismo es el "amén"

Con Jesús, el "amén" adquiere una profundidad aún mayor. Él usó esta palabra constantemente —más de cien veces en los Evangelios— para resaltar verdades trascendentes. A menudo decía: "De cierto, de cierto les digo..." (Amén, amén, en griego).

Pero incluso más revelador es cómo Él se presenta a sí mismo:

> Esto dice el Amén, el testigo fiel y verdadero, el soberano de la creación de Dios. (Ap. 3:14)

Jesús no solo dice "amén"... Él es el Amén. Es el fundamento firme sobre el cual se apoyan todas las promesas de Dios. Como declara el apóstol Pablo:

> Todas las promesas que ha hecho Dios son "sí" en Cristo. Así que por medio de Cristo respondemos "amén" para la gloria de Dios. (2 Co. 1:20)

Orar en el nombre de Jesús

Cuando cerramos nuestras oraciones con "amén", estamos afirmando que todo lo que hemos dicho, pedido y declarado está sellado en Cristo. "Amén" se convierte en un grito gozoso de certeza:

- Amén: ¡Dios es mi Padre y me ama infinitamente!
- Amén: ¡El nombre de Dios es santo y glorioso!
- Amén: ¡Su reino está viniendo ahora mismo!
- Amén: ¡Su voluntad es perfecta y buena!
- Amén: ¡Él me provee cada día!
- Amén: ¡Soy perdonado y libre para perdonar!
- Amén: ¡Estoy protegido contra la tentación!
- Amén: ¡He sido liberado del mal!
- Amén: ¡A Él pertenece todo!
- Amén: ¡Jesús reina para siempre!

Aplicación práctica: vivir el "amén"

- **Acción del día:** Al terminar tus oraciones hoy, haz una pausa y di "amén" con intención, sabiendo que estás sellando todo en la fidelidad de Cristo.
- **Visualización:** Imagina a Jesús a tu lado, afirmando cada una de tus palabras, respaldando tus oraciones con Su presencia poderosa.
- **Práctica diaria de fe:** Cada vez que enfrentes una situación incierta, susurra "amén" en tu corazón. Deja que esa palabra te ancle en la Verdad.

Fabiola dijo: "Mi visión del 'amén' cambió por completo al comprender que representa a Jesús. Ahora cada 'amén' es un acto de adoración y entrega."

Oremos juntos

Padre celestial:

Al concluir mis oraciones con "amén", afirmo con confianza que todas tus promesas son verdaderas. Gracias por darme a Jesús —el Amén fiel y verdadero— en quien todo se cumple.

Fortalece mi fe para confiar en ti con todo mi corazón. Enséñame a orar con valentía, sabiendo que me escuchas y respondes con sabiduría y amor.

En el nombre poderoso, fiel y eterno de Jesús, nuestro Amén glorioso,

Amén.

¿Hacia dónde vamos desde aquí?

Escucha más sobre este capítulo en el pódcast:

https://ericcelerier.net/podcast-es-28

Con este "amén" sellamos el recorrido por la casa de oración del Padre Nuestro. Ahora nos preparamos para la aventura más importante: vivir esta oración en cada paso, cada respiración, cada día.

Nuestro siguiente paso no es solo orar con palabras; **es encarnar esta oración en todo lo que hacemos**.

Antes de avanzar, permíteme contarte una historia real que muestra el poder transformador de la oración cuando el cielo verdaderamente desciende a la tierra.

Una historia real: cuando el cielo intervino

Antes de entrar en la última parte de nuestro viaje —"Vivir como una casa de oración"— hagamos una pausa.

Ya has explorado el significado profundo de cada palabra del Padre Nuestro. Has caminado por cada habitación, desde el techo hasta el fundamento. Has visto cómo el cielo toca la tierra... y cómo tu corazón se convierte en el lugar sagrado de encuentro.

Ahora es tiempo de pasar del **entendimiento** a la **encarnación.** De orar esta oración... a vivirla.

Pero antes, déjame compartirte una historia verdadera. Un testimonio que nos recuerda, sin lugar a dudas: cuando nos atrevemos a orar con fe, **el cielo verdaderamente desciende a la tierra.**

La oración que lo sostuvo

Esta historia es real (solo el nombre ha sido cambiado por confidencialidad). Conozco personalmente a este hombre.

Patricio, un director ejecutivo de una importante empresa alimentaria en un país marcado por la corrupción, era respetado por su fe y su integridad inquebrantable. Pero un día, descubrió que era blanco de una venganza política. Se emitió una orden de arresto fabricada, y el peligro se acercó rápidamente.

En una huida desesperada, Patricio se escondió en el maletero de un auto. El trayecto fue insoportable. No solo hacía un calor sofocante, sino que cada bache le provocaba dolores intensos en la espalda, ya debilitada por años de problemas que normalmente requerían el uso de un corsé.

Pero en esa oscuridad, sin aire y sin espacio, Patricio hizo algo poderoso: oró el Padre Nuestro.

Una y otra vez, lo repitió en voz baja. Aquel maletero se transformó en un santuario, en una casa de oración.

Horas después, salió ileso... y milagrosamente sanado. El dolor crónico que lo había acompañado durante años había desaparecido.

Aun en peligro, subió a una lancha bajo la oscuridad de la noche. A mitad del trayecto, el motor se detuvo. Sin luz. Sin combustible. Sin esperanza.

Una vez más, Patricio oró: "Padre nuestro..."

Contra todo pronóstico, la ayuda llegó. La lancha llegó a salvo.

Pero la prueba aún no había terminado. De regreso en su país, Patricio fue arrestado y llevado ante un juez. Todo indicaba que iría a prisión. Pero incluso ahí, susurró: "Hágase tu voluntad..."

Entonces ocurrió el milagro.

El presidente de la nación intervino personalmente, contactando al ministro de justicia. Horas después, Patricio fue liberado y abrazó a su esposa en libertad.

Esa noche, acostado a su lado, lloró de gratitud. Lo que antes parecía cotidiano —dormir en casa— se había convertido en un milagro sagrado. Repitió el Padre Nuestro una y otra vez, con lágrimas corriendo por su rostro.

Sabía ahora, más que nunca, que **a Dios pertenecen el reino, el poder y la gloria, por siempre**.

Hoy, Patricio todavía enfrenta desafíos, pero vive con una paz profunda. Ora el Padre Nuestro cada día... no como rutina, sino como una conexión viva con el Dios que salva, habla y actúa.

Su historia me recuerda las palabras de Job:

> Yo sé que mi Redentor vive
> y que al final se levantará sobre el polvo. (19:25)

¿Hacia dónde vamos desde aquí? Vivir como una casa de oración

Ahora que hemos orado el Padre Nuestro desde el techo hasta el cimiento, somos invitados a algo aún más grande:

Convertirnos en la casa.

En la próxima parte, aprenderás cómo llevar esta oración no solo en los labios... sino en cada paso, cada decisión, cada día.

Bienvenido a la Parte 6: "Vivir como una casa de oración" —una vida diaria y dinámica donde la presencia de Dios fluye a través de ti para bendecir al mundo que te rodea.

¿Estas listo para vivirlo?

Reflexión y oración

Reflexión y oración

Parte 6

VIVIR COMO UNA CASA DE ORACIÓN

Capítulo 29

Guía práctica para la oración diaria

A lo largo de este viaje, has caminado por las habitaciones llenas de vida de tu casa espiritual de oración, recorriendo cada frase del Padre Nuestro.

Pero, ¿cómo puedes ahora vivir estas verdades en el ritmo diario?

Aquí tienes una guía sencilla y flexible para habitar el Padre Nuestro cada día, convirtiéndolo en una fuente constante de vida, conexión y transformación.

Recordatorio: Las diez partes de la casa del Padre Nuestro

Antes de explorar los métodos, recordemos la estructura de tu casa espiritual:

- "Padre nuestro que estás en el cielo": el techo
- "Santificado sea tu nombre": habitación 1 del piso superior
- "Venga tu reino": habitación 2 del piso superior

- "Hágase tu voluntad": habitación 3 del piso superior
- "En la tierra como en el cielo": la escalera
- "Danos hoy nuestro pan cotidiano": habitación 1 del piso inferior
- "Perdónanos nuestras ofensas, como también nosotros hemos perdonado a nuestros ofensores": habitación 2 del piso inferior
- "No nos dejes caer en tentación": habitación 3 del piso inferior
- "Sino líbranos del maligno": habitación 3 también
- "Tuyos son el reino y el poder y la gloria para siempre": los cimientos

Cada parte es un espacio viviente al que puedes entrar cada día para alimentar tu comunión con Dios.

Método 1: El paseo de oración

Este método inspiró este libro.

Haz una caminata tranquila —en la naturaleza o en tu vecindario— y ora el Padre Nuestro frase por frase.

Con cada paso, visualiza entrar en una habitación nueva de tu casa espiritual. Deja que el ritmo del caminar y de la oración alineen tu corazón con el de Dios.

Método 2: Respirar el Padre Nuestro

Esto está inspirado en la antigua tradición judía, donde incluso el nombre sagrado YHWH se consideraba el sonido del aliento:

YH: inhala
WH: exhala

Desde el primer respiro de un recién nacido hasta el suspiro final de un anciano, nuestras vidas pronuncian Su nombre.

Cómo practicarlo:

- Encuentra un lugar silencioso.
- Inhala lentamente y ora: "Padre nuestro que estás en el cielo..."
- Exhala suavemente y descansa en Su presencia.
- Continúa frase por frase, dejando que tu respiración lleve la oración.

Respirar el Padre Nuestro permite que cuerpo, alma y espíritu se conviertan en una oración viviente.

Método 3: Repetición orante

Repetir lentamente el Padre Nuestro es muy poderoso. No es repetición vana; es meditación profunda.

Cómo practicarlo:

- Recítalo despacio y con atención.
- Detente cuando una frase te hable al corazón.
- Deja que el Espíritu Santo te revele nuevas dimensiones.

Método 4: Frase del día

Elige una sola frase del Padre Nuestro para llevar contigo durante el día.

Cómo practicarlo:

- Escríbela en tu celular, espejo o cuaderno.
- Permite que te guíe en tus pensamientos, decisiones y oraciones.

Método 5: Oración en comunidad

Recuerda, Jesús nos enseñó a decir Padre "nuestro."

Cómo practicarlo:

- Ora en voz alta con tu familia, amigos o grupo pequeño.
- Reflexionen juntos sobre cómo la oración se vuelve real en sus vidas.

Método 6: Oración corporal con gestos

Involucra todo tu ser: cuerpo, mente y espíritu.

Cómo practicarlo:

- "Padre nuestro que estás en el cielo": Levanta las manos al cielo.
- "Santificado sea tu nombre": Estira los brazos hacia arriba.
- "Venga tu reino": Extiende los brazos hacia adelante.

- "Hágase tu voluntad": Abre las manos en señal de rendición.
- "En la tierra como en el cielo": Forma un círculo con tus brazos.
- "Danos hoy nuestro pan cotidiano": Abre las palmas hacia arriba.
- "Perdónanos nuestras ofensas": Cruza los brazos sobre tu pecho.
- "Así como también nosotros hemos perdonado a nuestros deudores": Extiende una mano hacia adelante, en señal de liberación.
- "No nos dejes caer en tentación": Empuja suavemente con las palmas hacia afuera.
- "Líbranos del maligno": Baja los brazos con firmeza.
- "Tuyo es el reino y el poder y la gloria para siempre": Levanta los brazos en adoración.
- "Amén": Junta las manos en señal de entrega.

Método 7: Crea tu propio camino de oración

Deja que tu creatividad florezca: pinta, canta, baila, escribe o siembra tu oración.

Una mujer diseñó un jardín de oración en su patio trasero, cada planta representando una frase del Padre Nuestro.

Deja que el Espíritu Santo sea tu guía.

Cómo practicarlo:

- Elige uno de los métodos y vívelo hoy.

- Lleva un diario para registrar lo que Dios te muestra.
- Comparte con un amigo o grupo. Tu experiencia puede animar a otros.

Oremos juntos

Padre celestial:

Gracias por edificar dentro de mí una casa de oración.

Ayúdame a recorrer sus habitaciones cada día con reverencia, gozo y expectativa. Llena mis oraciones con tu Espíritu, mis pasos con tu presencia, y mi corazón con tu amor.

Haz que mi vida refleje tu reino, tu poder y tu gloria.

En el nombre de Jesús, amén.

¿Hacia dónde vamos desde aquí?

Has caminado por cada sala de la casa del Padre Nuestro. Has respirado su atmósfera, subido sus escaleras y descansado en sus fundamentos. La oración ya no es solo comunicación: es comunión. No es solo pedir: es convertirte en un lugar donde Dios habita.

Escucha más sobre este capítulo en el pódcast:

https://ericcelerier.net/podcast-es-29

Tú ahora eres la casa. Un templo viviente. Un espacio sagrado donde Dios reside, y donde otros pueden encontrarlo a través de ti.

Pero este viaje no termina aquí. El Padre Nuestro nunca fue diseñado para quedarse en el rincón tranquilo de la devoción. Fue hecho para desbordarse. En tus relaciones, tu trabajo, tu creatividad, tu compasión.

Ahora eres portador de la presencia de Dios. Una casa de oración viviente.

Y ahora, demos un paso más: convertirnos en esa casa de oración en el mundo, todos los días, en todo lo que hacemos.

Pasemos página.

Capítulo 30

Conclusión: Vivir como una casa de oración

¡Felicidades! Has completado un viaje espiritual extraordinario a través de la casa del Padre Nuestro. Pero esto no es un final; es un comienzo. El comienzo de vivir cada día con más intención, plenitud y gozo como una casa de oración.

A lo largo de este recorrido, hemos descubierto que la oración no es solo algo que hacemos; es el espacio sagrado donde el cielo y la tierra se encuentran dentro de nosotros. Cada frase del Padre Nuestro es una habitación diseñada para el encuentro. Y ahora, se te invita no solo a orar esa oración... sino a habitarla.

Caminando por tu casa de oración

Demos un último paseo por tu casa espiritual:

- **El techo** ("Padre nuestro que estás en el cielo"): Vives bajo el refugio del amor perfecto.

- **La habitación de la santificación** ("Santificado sea tu nombre"): Tu vida honra a Dios en pensamiento, palabra y acción.
- **La sala del reino** ("Venga tu reino"): Llevas Su reino dondequiera que vayas.
- **La habitación de la voluntad** ("Hágase tu voluntad"): Eliges obedecer y confiar por encima del control.
- **La escalera de la gracia** ("En la tierra como en el cielo"): Caminas por el puente viviente donde el cielo toca la tierra.
- **La sala del pan** ("Danos hoy el pan nuestro de cada día"): Recibes alimento fresco, para el cuerpo, el alma y el espíritu.
- **La habitación del perdón** ("Perdónanos nuestras ofensas"): Respiras el ambiente de la gracia y la reconciliación.
- **La habitación de la protección** ("No nos dejes caer en tentación"): Permaneces firme en la victoria de Cristo.
- **Los cimientos** ("Tuyo es el reino y el poder y la gloria"): Anclas toda tu vida en la fuerza eterna de Dios.
- **El Amén**: Afirmas con cada respiro que Jesús es el sí y el amén a cada promesa.

Ya no eres solo alguien que ora. *Eres* Su casa. Un templo viviente. Un lugar sagrado donde Dios habita y donde otros pueden encontrarse con Él a través de ti.

Formas prácticas de profundizar en tu vida de oración

- **Comienza con intención:** Cada mañana, entra conscientemente en tu casa espiritual, aunque sea solo por un momento.
- **Lleva un diario de oración:** Escribe cómo Dios te encuentra en cada habitación. Registra tu crecimiento, tus luchas, tus avances.
- **Perdona rápidamente:** No permitas que el rencor levante muros en tu casa. Deja que la gracia fluya.
- **Comparte y anima:** Invita a otros a este viaje. Construyamos un vecindario de casas de oración.

¿Hacia dónde vamos desde aquí?

Ahora tú eres una casa de oración viviente. Lleva esta casa a tu trabajo, a tu familia, a tus amistades. Deja que el cielo fluya a través de ti en la tierra, paso a paso, respiro a respiro.

Y recuerda: no estás solo. Cada vez que dices "Padre nuestro", te unes a millones en todo el mundo: creyentes que, como tú, están siendo transformados en lugares donde el cielo y la tierra se encuentran.

Una palabra final de aliento

Al predicador Leonard Ravenhill se le atribuye esta idea:

> Un hombre que es íntimo con Dios, no será intimidado por los hombres.

Camina en esa intimidad. Vive con esa valentía. Haz que la oración no sea solo lo que dices… sino quien eres.

Oremos juntos

Padre celestial:

Al cerrar este recorrido por el Padre Nuestro, abro un nuevo capítulo de mi vida: caminando contigo cada día, llevando tu presencia a cada momento.

Escucha más sobre este capítulo en el pódcast:

https://ericcelerier.net/podcast-es-30

Haz de mi vida una casa de oración vibrante: un lugar donde tu nombre sea honrado, donde tu reino avance, y donde tu voluntad se abrace con gozo.

Aliméntame cada día con tu pan vivo. Perdóname, y ayúdame a perdonar. Fortaléceme contra la tentación. Líbrame de todo mal.

Hoy me vuelvo a consagrar a ti. Haz que cada pensamiento, palabra y acción reflejen tu reino, tu poder y tu gloria, ahora y por siempre.

En el nombre fiel y victorioso de Jesús, nuestro Amén eterno, amén.

Amigos, esto es solo el comienzo

Eres una casa de oración. Una puerta viva entre el cielo y la tierra.

Avanzar. Lleva Su presencia a cada espacio. Deja que Su luz brille a través de ti.

El mundo está esperando. El cielo está listo. Y Dios está contigo.

Con sincero afecto y fe
inquebrantable,
Tu amigo y hermano,
Éric Célérier

Reflexión y oración

Reflexión y oración

La comunidad de portadores de oración

Has llegado al último capítulo… pero el viaje continúa.

Alrededor del mundo, miles están caminando contigo, convirtiéndose en casas vivas de oración, llevando la presencia de Dios a cada área de su vida.

Este libro te ha ayudado a construir tu propia casa espiritual. Ahora es el momento de abrir las puertas, dejar que la luz brille, y unirte a una familia global de fe.

Estas personas, igual que tú, han sido transformadas. Sus historias —simples, sinceras y sagradas— nos muestran lo que ocurre cuando el Padre Nuestro no solo se ora, sino que se vive.

Si Dios lo hizo en ellos, seguramente también lo está haciendo en ti. Bienvenido a la familia.

Testimonios de transformación

"Antes sabía que como cristiana era parte de la familia espiritual de Dios. Pero descubrir que yo misma debía convertirme en una casa viva de oración transformó por completo mi fe. Ahora, la oración es íntima y global."

—Diane

"Como católica, recitaba el Padre Nuestro cada domingo en la misa, pero solía hacerlo de forma automática. A través de este recorrido, cada frase cobró vida. Orar ahora es hablar con mi Padre, con confianza, y con corazón."

—Pamela

"Lo que más me tocó fue la frase 'en la tierra como en el cielo.' Se convirtió en mi clamor diario por transformación, no solo en mí, sino también a mi alrededor."

—Francisca

"*Una casa de oración* ha sido el mejor libro espiritual que he leído este año. ¡Ya se lo he regalado a tres amigas! Me ayudó a redescubrir el Padre Nuestro y a adorar con más pasión."

—Kimberly

"Cada línea del Padre Nuestro se siente ahora como un encuentro directo con Jesús. Mis tiempos de adoración jamás habían sido tan reales."

—Ana

"Siempre oré 'Hágase tu voluntad.' Pero ahora significa algo más profundo: rendición diaria. Este libro me enseñó cómo."

—Judit

"Hoy, cada palabra del Padre Nuestro resuena en mi corazón. Me ha fortalecido en la fe y ha enriquecido mis relaciones más importantes."

—Julia

"Mi casa de oración ya no es un ideal —es un lugar real, lleno de paz. Gracias por abrirme los ojos."

—Teresa

"Este recorrido fue respuesta a mi oración. Al principio me sentía perdida. Ahora, me siento profundamente conectada: con Jesús, con Su Palabra, y con Su pueblo."

—Julieta

"Estos capítulos me cambiaron. Convertirme en una casa de oración no fue solo una metáfora... ¡se volvió mi realidad! Qué aventura tan sagrada."

—Natalia

"Como madre soltera, a veces me sentía abrumada. Pero ahora, con mis hijas, oramos el Padre Nuestro juntas... y Dios se siente tan cerca."

—Patricia

"Después de años en la iglesia, me sentía distante espiritualmente. Este libro abrió cada habitación de mi corazón nuevamente a Dios."

—Felipe

"He sido creyente por décadas, pero ahora por primera vez entiendo lo que significa ser una casa de oración. Ya nunca volveré a orar igual."

—Norman

"Mis oraciones ya no son vagas. Ahora son claras, humildes y llenas de conexión… con respeto, dependencia e intimidad."

—Sebastián

"Desde el primer capítulo hasta el 'Amén' final, vi a Jesús con más claridad. Ahora oro con alegría, confianza y expectativa."

—Paz

¿Y tú?

Ahora te toca a ti.

Así como antes se te invitó a dibujar tu casa de oración o escribir tus reflexiones, ahora se te invita a dar testimonio.

¿Qué ha hecho Dios en ti a través de este recorrido?

Escríbelo. Compártelo. Deja que tu historia abra puertas para alguien más.

Ya no eres solo lector… llevas Su presencia.

Notas

Capítulo 2

1. Timothy Keller, *Prayer: Experiencing Awe and Intimacy with God* (Nueva York: Viking, 2016), 80.

Capítulo 3

1. "5045.tekton," Strong's Lexicon, Bible Hub, último acceso: 28 de abril de 2025, https://biblehub.com/greek/5045.htm.

2. Greg Leith, CONVENE cumbre de liderazgo (Newport Beach, California), 23 de abril de 2015.

3. Véase también Efesios 2:10 en la Nueva Traducción Viviente.

4. C. S. Lewis, *Mere Christianity* (Nueva York: Touchstone, 1996), 176.

Capítulo 4

1. John Ortberg, *The Life You've Always Wanted* (Grand Rapids, MI: Zondervan, 2002), cap. 1.

Capítulo 7

1. Albert Einstein, "The World As I See It," *Forum and Century*, vol. 84 (1931), 193–94.

2. Timothy Keller, *Prayer: Experiencing Awe and Intimacy with God* (Nueva York: Penguin, 2016), 80.

3. "3466.mustērion," Strong's Lexicon, Bible Hub, https://biblehub.com/greek/3466.htm.

Capítulo 10

1. Paul David Tripp, *Instruments in the Redeemer's Hands: People in Need of Change Helping People in Need of Change* (Phillipsburg, NJ: P&R, 2002), 116.

Capítulo 18

1. Esta última frase del Padre Nuestro se encuentra en la nota al pie de la NVI y en la mayoría de las otras traducciones.

2. C. S. Lewis, *Mere Christianity* (San Francisco: Harper, 2025), 78.

Capítulo 19

1. Max Lucado, *Just Like Jesus: A Heart like His* (Thomas Nelson, 2012), 8.

Capítulo 20

1. Dallas Willard, "Live Life to the Full," Dallas Willard Ministries, 14 de abril de 2001, https://dwillard.org/resources/articles/live-life-to-the-full.

Capítulo 21

1. "Origen on Prayer," (Grand Rapids, MI: Christian Classics Ethereal Library), último acceso: 21 de mayo de 2025, www.ccel.org/ccel/o/origen/prayer/cache/prayer.pdf.

Capítulo 25

1. Dallas Willard, *The Divine Conspiracy: Jesus' Master Class for Life* (Grand Rapids, MI: HarperChristian Resources), 71.

Capítulo 26

1. A. W. Tozer, *How to Be Filled with the Holy Spirit* (Christian Publications, 1960).